图书在版编目（CIP）数据

清代瓷器史 /（英）罗伯特·洛克哈特·霍布森著；
夏雯译 . 一北京：中央编译出版社，2024.9
ISBN 978-7-5117-4343-5

Ⅰ.①清… Ⅱ.①罗… ②夏… Ⅲ.①古代陶瓷－研
究－中国－清代 Ⅳ.① K876.34

中国国家版本馆 CIP 数据核字（2023）第 004052 号

清代瓷器史

选题策划：	张远航
责任编辑：	张　科　孙百迎
责任印制：	李　颖
出版发行：	中央编译出版社
网　　址：	www.cctpcm.com
地　　址：	北京市海淀区北四环西路 69 号（100080）
电　　话：	（010）55627391（总编室）　（010）55627362（编辑室）
	（010）55627320（发行部）　（010）55627377（新技术部）
经　　销：	全国新华书店
印　　刷：	北京雅昌艺术印刷有限公司
开　　本：	787 毫米 × 1092 毫米　1/16
字　　数：	177 千字
印　　张：	15
版　　次：	2024 年 9 月第 1 版
印　　次：	2024 年 9 月第 1 次印刷
定　　价：	128.00 元

新浪微博：@ 中央编译出版社　　微　　信：中央编译出版社（ID：cctphome）
淘宝店铺：中央编译出版社直销店（http://shop108367160.taobao.com）（010）55627331

本社常年法律顾问：北京市吴栾赵阎律师事务所律师　闫军　梁勤
凡有印装质量问题，本社负责调换，电话：（010）55627320

The Later Ceramic Wares of China

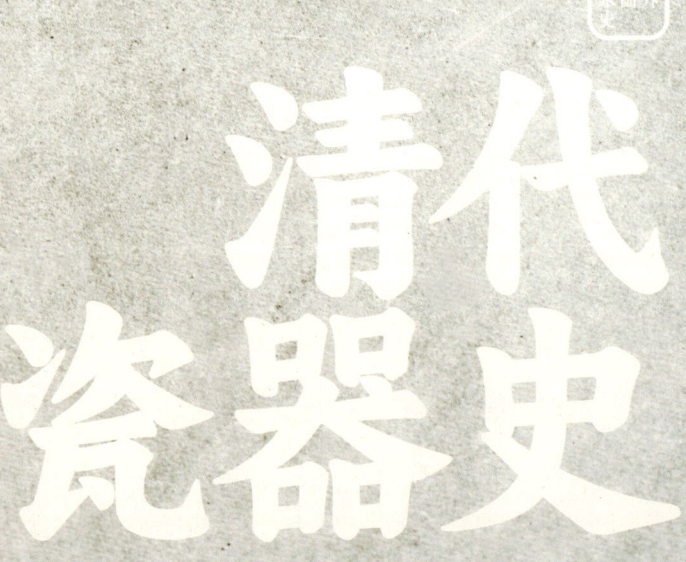

清代瓷器史

[英]罗伯特·洛克哈特·霍布森 —— 著

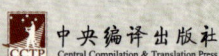

夏雯 —— 译

序言

《清代瓷器史》是《明代器物》的续篇，两者与《中国早期陶瓷》构成三部曲。本书将继续讲述中国清代瓷器的故事，主要围绕清代（1644年至1912年）陶瓷艺术展开。

康熙、雍正、乾隆三位清朝皇帝，对陶瓷收藏家来说可谓家喻户晓。本书主要介绍这三位皇帝在位期间，在中国瓷都景德镇制造的瓷器。有些章节会涉及其他地方制造的陶器（pottery）、炻器（stoneware）和瓷器（porcelain），并附有插图说明，但所占篇幅较小。对收藏家来说，这种篇章的分布还是有一定合理性的，因为，毫不夸张地说，欧洲现存90%的清代陶瓷都是在景德镇制造的。

在阐明收藏家所需的清代陶瓷器物信息这方面，我们还是很熟悉的。由于此领域创新空间较小，本书只能对相关知识加以更新和订正。但陶瓷器物可选的范围还是很大的，我在这里用心展示的所有重要器物中，公共藏品较少，大多是公众很少见到的私人藏品。感谢众多收藏家的慷慨合作，此次计划才得以实行，插图部分记录了这些收藏家的名字。在此，我衷心感谢所有人的无私帮助，特别是伦纳德·高（Leonard Gow）先生，他非常大方地让我用大篇幅来介绍他的精选藏品。

此系列书籍将汉字和地名进行单一罗马化处理，这是莱昂内尔·贾尔斯（Lionel Giles）博士在校对过程中十分重视的问题，我对此深表感谢。

罗伯特·洛克哈特·霍布森
（Robert Lockhart Hobson）
1924年11月

目录

引言 / 001

第一章 · 史实与概况 · 005

第二章 · 清初器物与康熙青花瓷 · 011

第三章 · 釉下五彩瓷 · 035

第四章 · 釉上五彩瓷 · 063

第五章 · 康熙单色釉瓷 · 091

第六章 · 康熙单色釉瓷（续篇）与颜色釉瓷 · 107

第七章 · 雍正瓷器（1723年至1735年）· 121

第八章 · 乾隆瓷器（1736年至1795年）· 137

第九章 · 19世纪瓷器 · 163

第十章 · 欧洲对中国瓷器的影响 · 173

第十一章 · 福建瓷器 · 181

第十二章 · 清代陶器 · 187

第十三章 · 中国陶瓷造型 · 195

第十四章 · 中国陶瓷纹饰 · 203

第十五章 · 款识 · 219

参考书目 / 232

引言

相比于宋、明及更早时期，清代陶瓷更为西方世界所熟知，它们名声在外已两百多年。两百多年间，中国与西方国家之间贸易往来密切，从查理一世开始，我们的祖先就能够直接从中国制造商那里得到货物。因此，今天的收藏家和学生不缺乏研究样本，历史研究也不缺乏材料。

大多清代瓷器都是在制瓷中心景德镇制造的，对英国人来说，景德镇可能不像英国瓷都斯托克（Stoke-upon-Trent）那么为人熟知；但我们有至少三份欧洲人写的一手资料。其中最重要的为法国传教士殷弘绪（Pere d'Entrecolles）所著，康熙盛世中后期，他在景德镇与瓷匠一同生活工作数年。另外两份一手资料由法国驻广州领事师克勤（M. Scherzer）[1]与英国驻九江领事克伦内尔（W. J. Clennell）分别撰写，他们各自在 1881 年和 1905 年来到景德镇。尽管这三份资料的时间间隔很长，物质条件也有差异，但在阅读时，读者一定会对中国的工业化生产印象深刻。实际上，对比殷弘绪所作的详尽但不够准确的叙述，师克勤的科学观察更有价值。

此外，还有一些重要的中国本土资料供我们使用。写于乾隆年间的《陶说》和嘉庆年间的《景德镇陶录》尽管十分精简，却全面讲述了中国陶瓷史；唐英提供了许多一手资料，作为历代御窑厂中最杰出的督陶官，他记述了自己出色的烧制瓷器的过程。诚然，除了官窑器物，其他陶瓷在中国历史中都鲜有记述；但我们充分利用中国和欧洲国家的一切资料，并将这些资料整合起来，使之互为注释，互相补充，从而为这一伟大的历史时期构建颇为完整的中国陶瓷历史。得益于前辈学者们出色的工作，如今开展这项有趣的任务就容易多了。贡献最大的当数法国汉学家儒莲（Julien）和英国东方学家卜士礼（S. W. Bushell）。儒莲翻译了大部分的《景德镇陶录》；卜士礼不仅翻译了《陶说》和其他中文文本，还在他的《东方陶瓷艺术》（Oriental Ceramic Art）中核对了所有当地记述，结合自身在中国的经历进行了更为详尽的阐释。还有法国学者雅克马特（Jacquemart）、英国文物学家弗兰克

---

1 参见 M. G. 福格特《中国瓷器研究》（Rescherches sur les Porcelaines Chinoises），国家工业促进会公报，巴黎，1900 年，载自师克勤对景德镇的调查报告。

斯（Franks）、法国收藏家格兰迪迪埃尔（Grandidier）等，详见本书参考书目。

所有这些书面资料无疑是有价值的，甚至是不可或缺的，但若没有瓷器实物，这些资料就会变得空洞乏味。毫无疑问，大部分古董瓷器仍在中国，但此时中国的博物馆很少，私人收藏也很困难，甚至是不可能有的。一位中国的瓷器爱好者悲伤地对我提起，他不得不来欧洲研究自己家乡的瓷器。在德国德累斯顿的约翰纽姆（Johanneum）博物馆，他能欣赏到产自17世纪末和18世纪初的精美藏品；此外，巴黎、柏林、阿姆斯特丹和伦敦的大型博物馆中还有更多当代藏品。相比之下，伦敦市民就幸福多了，他们不用漂洋过海就能欣赏最精美的中国瓷器，维多利亚与艾尔伯特博物馆和大英博物馆几乎能满足他们的一切需求；而且，伦敦乃至整个英国都有丰富的私人珍藏。美国也不逊色，甚至更多——纽约珍藏的清代瓷器不仅样式丰富，而且单色釉瓷的质量明显优于欧洲藏品。

这些大型馆藏的形成自然会对市场产生影响，但英国很幸运，有素廷（Salting）和弗兰克斯（Franks）这样的收藏家，英国的博物馆才能一直有质量上乘、最具代表性的展品。尽管清朝景德镇的产量巨大，但中国盛世的高品质瓷器至今仍很稀缺，很难得到。

随着时间的推移，这些易碎的藏品遭到了巨大破坏，许多人竞相抢夺剩下的藏品，太多人折服于中国瓷器的魅力。收藏家一旦迷上了中国陶瓷，很容易就会抛弃所有他曾喜爱的瓷器。与中国瓷器相比，欧洲瓷器到底是什么呢？不过是过去的东西，只是从东方人那里学到艺术基础的学生作品罢了。18世纪初，清朝的制瓷艺术正处于鼎盛时期，而且已经延续几个世纪了，而欧洲才刚开始摸索瓷器制造。中国瓷匠的精湛技艺早已被传为佳话，现在已经到了炉火纯青的境地。他们生来就会装饰，是把控色彩的天才，瓷器的配色方式极为大胆，就像大自然的配色一样，巧夺天工。天赋加上长期训练使他们脱颖而出，其他国家的同行难以企及，何况他们似乎比欧洲同行更享有一些原料上的优势。哪种欧洲瓷器的釉下青花能与康熙青花相媲美呢？哪里的彩瓷能有五彩瓷的光辉？哪里的瓷器具有中国单色釉瓷的深度和光泽？欧洲的现代工厂比不上中国陶瓷工人的手工技艺。在此，我没有任何诋毁的意思。欧洲也制造了很多有价值的器物，比如梅森（Meissen）瓷器和塞弗勒（Sèvres）瓷器，但都无法与康熙青花冰梅纹罐、洒蓝釉、牛血红釉和黑釉瓷媲美。他们在与一个天赋异禀的民族竞争，而这个民族已经有了数百年的瓷器制造传统。当科学可能将欧洲的制瓷技术提高到与中国人同等水平时，工业文明反而击碎了他们的艺术灵魂。

总之，中国瓷器地位依旧，能与之匹敌的只有它自己。我们可以探究不同朝代陶瓷各自的优点，这方面的讨论也相当激烈。每个时代的陶瓷都各有优点，有些人喜欢宋瓷的素雅简洁，欣赏宋代单色釉的恬静色调；有些人喜欢明三彩的大胆着色，独爱明代彩瓷的饱满。但无论如何，谁也不会否认清代初期瓷匠的精湛技艺和大胆着色。在本书中，我们仅将此种比较限于清代，对比清代不同时期瓷器的各自特点，会更有益处。

欧洲人偏爱康熙年间的瓷器，那时的瓷器是最早大量进口到欧洲的，颇负盛名。康熙瓷器在外销瓷器中无疑是最好的，德累斯顿国家艺术收藏馆就充分证实了这一点，它表明康熙时期出口的青花瓷和五彩瓷的质量是比较高的。如果说这些瓷器并不总是代表当地人最好的品位，但它们至少已经很接近了。英国长期以来都对青花瓷和五彩瓷有所偏爱。

在接下来粉彩瓷盛行的时期，出口贸易主要集中在广州地区，那里有很多瓷匠，为欧洲装饰白瓷，大部分瓷器贴近欧洲审美。像绘有"满大人"（广州彩瓷的经典纹饰）这样的特制瓷器，是为了做茶商的补充商品。而到了18世纪末，出口瓷器已经变得大众化了。实际上，到19世纪后半叶，欧洲才再次真正欣赏到最好的中国瓷器。这批瓷器大都是官窑瓷器，都是举世精品，展现了真正的中国风格。收藏家们很快意识到这些重新发现的宝藏的价值——欧洲买家纷纷前往中国，购买各地古董瓷器。但老式样依然地位稳固——青花瓷和五彩瓷需求量巨大。而且我们今天发现，有些瓷器在中国长期以来一直受到高度重视，但现在才在欧洲流行开来，比如较小的单色釉瓷、"块滑石"青花瓷、精细的雍正和乾隆粉彩瓷、以"古月轩"风格[1]绘制的瓷器，甚至19世纪

---

[1] "古月轩"风格绘制的瓷器指古月轩瓷，是一种清代的工艺美术品，在玻璃胎上施以珐琅彩装饰，经高温烧制而成。过去因其工艺难度极高，所以只在皇家御窑中制作极小的器具，如鼻烟壶、烟碟等。——译者注

的宫廷瓷器。在品质上，这些瓷器都与康熙年间影响深远、配色大胆的五彩瓷与青花瓷有所不同，拥有别样的魅力。

彩绘精美、花卉图案逼真，这是雍正和乾隆时期精致官廷瓷器的显著特点：瓷器上的装饰搭配得当，美丽的白色背景得到充分利用。与此相比，当代广州宝石红釉盘的色彩似乎就有些浓重了。相反，古月轩瓷上的彩绘就像精美的水彩画，无论是花朵和岩石的着色，还是人像的姿态与组合，都颇具欧洲风情。这些小物件大多是桌案上的装饰品，采用精选的单色釉瓷或块滑石青花瓷，在颜色和材料上近乎完美，是精致的化身。

欧洲的收藏家再次将目光转向康熙、雍正、乾隆时期的瓷器。中国人并非对继承了雍正和乾隆时期制瓷传统的19世纪精致瓷器不屑一顾，而我们确实容易低估19世纪瓷匠的能力。当然，后来的瓷器，特别是用于贸易往来的瓷器，总体品质明显下降；师克勤在1882年到访景德镇后提出，那个时期为皇宫制作的某些瓷碗，除了年款，其他均无法与康熙时期的碗区分开来。没有人比这位古董商和收藏家更

清楚，一些晚期仿制的康熙花瓶看上去更为精美，然而僵硬的画法、欠缺的雅韵暴露了这些仿制品的真面目。但仿制花瓶从陶瓷颜料的质量上看不出明显不足，这些都是收藏爱好者容易忽略的地方。

既然出现了仿制品的问题，我们要提醒的是，收藏家需要对仿制品保持警惕，不管是产自欧洲的，还是产自东方的。赫伦（Herend）瓷器和塞弗勒瓷器的例子就证明了，欧洲人一旦有了仿制中国瓷器的想法，就足以乱真；还有巴黎仿制的五彩瓷和广州宝石红釉，也进了粗心业余爱好者的柜子。但必须承认，无论制作何等精美，有经验的收藏家都不应被这些西方的仿制品所欺骗，因为这些仿制品不仅在绘画和陶瓷颜料的色调上与真品有差异，而且在基本材料上都与真品大相径庭。1924年春天，在伯灵顿美术俱乐部，这些法国的仿制品与真品并排展出时，轻易就能辨别优劣。只有在灯光昏暗时将真品和赝品分开看，有经验的收藏家才可能上当。本书在不同章节都会讨论到各种类型的仿制品，就不在序言中多加评论了。

第一章

史实与概况

满族人征服伟大的汉族王朝那样壮观的场面，历史上着实不多见。用数字来表示的话，即使在满族规模最大的扩张时期，汉族也比满族强大十倍，而且他们有无限的资源。但满族人也有汉族人缺乏的东西——他们目标统一，拥有能力极强的领导者。

日益腐败、宦官横行的明朝已日薄西山，内部滋生的反叛势力也日趋严重，就在这时，满族的民族英雄努尔哈赤却在稳步将北方的鞑靼部落融合成强健的战斗民族。1618年，努尔哈赤在与明军的第一次交战中，就连破三路与之规模相当的明军，在他们会合之前就将其击溃。若不是边防要塞的顽强抵抗，努尔哈赤本可以在天启时期成功入主中原。努尔哈赤于1626年去世，其子（皇太极）继位，庙号太宗。清太宗通过征服蒙古人的边境部落来巩固权力，同时，为收拢民心，他仿照中原制度建立了政府，也一并接受了汉族的文学与宗教。在满族人从中原借得的神灵中，有一个是武圣关帝。清太宗改国号为"大清"，势要取代明朝，但太宗于1643年去世，其子顺治继位，年仅6岁。

若没有中原领袖们的内讧，大清王朝能否问鼎北京还难以预测。1644年，李自成领导叛乱，攻占北京，推翻了明朝的统治。但他因贪婪在北京犯下一个错误，令山海关守将吴三桂勃然大怒。为了复仇，吴三桂请摄政王（多尔衮）与之一同对抗李自成，引清军入关。在随后的战斗中，李自成大败，吴三桂的满族盟友随他一同回到北京，给予摄政王的回馈就是中原的王位。摄政王于1644年6月5日到达北京，并为顺治于同年10月在北京再次登基铺平了道路。

剩下的就是征服中原其他地区了。满族人强制中原人剃发以示臣服，但百姓不愿接受，明朝的拥护者聚集在一个又一个逃亡的明朝王族身边。经过了十四年的战斗，伴随着时有发生的血腥屠杀，明军的最后一次抵抗在西南地区被粉碎，整个国家被清军牢牢控制。

顺治于1661年去世，其子继位，年号康熙，年幼的康熙帝即位时只有8岁。康熙在14岁时接管了他的监护人（或称辅政大臣）为他保留的权力，亲政之初就展现出英勇能干、充满活力的统治者的姿态。无论满族人在征服中原期间给中原人带来多大的灾难，毫无疑问的是，这位满族皇帝是中国历史上最为优秀的统治者之一。历史学家将康熙、其孙乾隆与唐太宗并列为同等重要的人物。一位接触过康熙的欧洲牧师这样称赞他[1]:"这位皇帝是世纪罕见、非同凡响的人物。他好学不倦,在亚洲所有的君主中,没有人对艺术和科学有如此大的兴趣。"

但这位年轻皇帝稳固又仁慈的统治与一些急于在全国各地建立割据势力的大臣意愿相违背。1673 年,皇帝要求撤销包括吴三桂在内的三位藩镇王的军队,引起了三藩之乱。三位藩镇王曾掌控 11 个省份,严重威胁中央政权。但在康熙巧妙的指挥下,三藩之乱最终于 1681 年被平定。经过这次考验,皇权比以往更强大了,康熙稳固的统治一直延续到 1722 年 12 月。

上述史实属于一般历史范畴,但这些历史对中国最著名的工艺品产生了一定影响,本书就专门研究这个问题。1640 年至 1680 年,激烈的朝廷斗争、遍及十八个省份的战争与叛乱,都不利于艺术的发展。中国瓷都景德镇在三藩之乱时期遭到侵袭,御窑厂被摧毁。正因为康熙初年遭受的巨大破坏,才有了景德镇的复兴举措。

实际上,我们很少听到清朝早期御窑厂的情况,但它肯定是存在的。顺治皇帝曾在 1654 年和 1659 年命景德镇制造瓷器,因徒劳无功而令人记忆深刻。其中就包括龙缸[2]与镶嵌于宫殿栏杆间的栏板[3]。但瓷匠们辛苦烧造了四年,也未能制成龙缸,最终皇帝收回成命。当时的御窑厂由总督郎廷佐管理,有人认为他与著名的郎窑有些联系,我们将在后面对此进行讨论。但这一推断极不可能,应该会被推翻。

1680 年左右,景德镇成功规避了声誉受到影响的风险。康熙皇帝对艺术的偏好使他广受百姓爱戴,于是下令在北京城内建立 27 个作坊或学堂,培养艺术人才,其中包括金属、玻璃、珐琅、翡翠和漆的制造。当时传说康熙皇帝计划在北京再建一间御窑厂,机器、材料和工人都从景德镇调用。尽管做了万全准备,这项计划还是搁浅了,大概是因为既得利益冲突与一些政治问题。最终,皇帝放弃了这间御窑厂,转而全力支持景德镇进行工业扩张。

景德镇的御窑厂得以重建,并由清政府派来的常驻官员进行管理,陶瓷产业的全盛期由此开始。《陶说》记载道:"向有

---

1 参见李文彬,《中国历史纲要》,1914 年,第 407、408 页。

2 龙缸高约 0.76 米,直径约 1.07 米,边厚 7.6 厘米,底厚 12.7 厘米。

3 栏板要求做成 0.91 米 × 0.76 米,厚 7.6 厘米。

上工夫派饶州属邑者，悉罢之。每开窑，鸠工庀村，动支内府。按时给直，与世贾适均。运器亦不预地方，一切不妨吏政事。官民称便，所造益精。"[1]

此外，裘日修为《陶说》作序，写道："我国家则慎简朝官，给繄与市肆等，且加厚焉，民乐趋之。仰给于窑者日数千人，窑户率以此致富，以故不靳工，不惜费，所烧造每变而日上，较前代所艳称与金玉同珍者，有其过之，无不及也。"

中国的文人几乎只对御窑厂进行评述，但我们可以合理推测，景德镇民窑厂的条件也同样得以改善了。自明代初期以来，景德镇就是中国的瓷都。几个世纪以来，中国闻名遐迩的精美瓷器中，至少有八成来自景德镇。本书除少数几章外，必定着重介绍景德镇。景德镇没有城墙，位于江西省东北部的昌江南岸。昌江注入鄱阳湖，鄱阳湖又与长江相连，因此，景德镇的货物可以通过水路运送到长江这条商业大道上，或向南通过赣江（流入鄱阳湖）与北江运送到广州。景德镇的货物也会通过人力陆运到安徽和其他地区。

我们有幸得到了殷弘绪在1712年绘制的一幅关于景德镇的精美钢笔画[2]，当时正值康熙王朝鼎盛时期。画中描绘了群山环抱的景德镇，港口停着中国式帆船；窑炉中火焰熊熊，夜晚的景德镇看上去像座燃烧的城市。景德镇人口众多，约有一百万人，所有人都直接或间接地参与了"三千"窑炉的瓷器生产。人人都有工作，即使是残障人士和盲人，也能靠研磨釉料谋生。商店存货充足，街上人来人往。这里的财富足以诱惑中国所有的盗贼，但捕快维持着社会秩序，保障着景德镇的安全。

本书将经常援引殷弘绪的信，信中描述了瓷器制作过程，十分有趣，这些内容一部分是他从教堂会众那里了解到的，另一部分是他在景德镇亲眼所见的。这信件显然是为了向他的法国朋友讲述瓷器相关知识，因为他们正在探究瓷器制造的奥秘。但在《陶冶图说》中我们还有更好的一手资料可以查阅，此书正是乾隆时期御窑厂的督陶官唐英编纂的。

实际上，清代瓷器的工艺流程与本

---

[1] 原书参考卜士礼英译本，本书中直接引用相应的原文。——译者注

[2] 另一幅描绘景德镇的图由克伦内尔提供，选自他在1905年出版的《江西内陆之旅》（Journey in the Interior of Kiangsi）（由皇家出版局印刷）。有趣的是，这幅图与法国传教士殷弘绪两百年前的描绘相差无几，只是1905年窑口的数量少了很多。

系列书第二卷(《明代器物》)所述的明代瓷器大体上没有区别。但若按照唐英记述的顺序再次简要列出这些流程，会更方便阅读。

瓷土(高岭土)和瓷石是制作瓷器的两种基本材料。瓷土是在景德镇饶州府附近发现的，而瓷石必须从安徽祁门县运来，距景德镇约一百千米。上山开采瓷石，再将石春细，制成小石块。殷弘绪说这些瓷石是由小船顺流而下运到景德镇的。

瓷土和瓷石都在窑厂首先经过严格的净化处理，之后才制成面团状供瓷匠使用。釉料由瓷石、生石灰和凤尾草层叠烧炼而成，质量上乘的釉料中含有较高比例的瓷石。

器物成型时，有的用模子制作所需形状，圆器则直接拉坯成型。若经过修坯之后的器物要用青花料着色，这时就可以上色了。一般青花料(含钴锰矿石)产自浙江绍兴、金华的山中，必须经过高温煅炼、粉碎、人工精筛，方可使用。然后将青花料与水混合，用毛笔上色。下一道工序是施釉，一种方法是缸内蘸釉，另一种方法是吹釉，也就是用竹筒将釉吹于坯面。用大羊毫笔刷釉的古老工艺现在已经很少使用了。最后写款成坯入窑。

经过成型、上色与施釉的瓷坯此时就可以进行最后烧制了，为防止瓷坯在窑内遭到损坏，入窑前应将瓷坯装在耐火的匣钵中，将其小心码放于窑炉中，然后用木柴点燃窑炉，入窑烧制约三天。第四天相对凉爽的时候开窑，瓷匠的成败就将揭晓。殷弘绪讲述，当时有很多烧制都失败了，致使瓷匠的付出功亏一篑，每次烧制都像一场赌博。而更多时候，人们通过祭拜"风火仙师"来保佑成功。上釉对青花的发色很重要，如果没有釉，青花只会烧成黑色。

另一方面，如果器物确定要用彩色颜料绘制，比如五彩和粉彩，这时瓷器应送到瓷匠的工棚内，用毛笔在玻璃质的珐琅上绘纹饰。为形成彩绘并使其附着在釉面上，需要再次烧制，在被称为隔焰窑的小窑炉内低温烘烤即可。如果纹饰需要用金色颜料，还需在更低的温度下再烧制一次。最后一步是按等级分拣瓷器，包装运输。

上述简短的概述中，没有提及生产不同质量瓷器的过程中黏土和釉的成分变化，也尚未提及颜色釉的制作，还有为素烧瓷上釉，陶瓷的雕刻、蚀刻、雕空，用液态黏土粘接把手、制作浮雕装饰，陶瓷模具、多边形陶瓷各部分的拼接等都尚未提及，这也是可以理解的，上述操作将会不时在本书收录的陶瓷样品中加以阐述。

本书也不再重复唐英在其宝贵资料中已经阐述过的细节。陶瓷生产步骤在《陶说》中都有完整解释，本书附有该书作者的评论，可以借助卜士礼的翻译加以研究，这本书也必定会帮助不熟悉制瓷流程的读者理解其中的技术问题，这在此类书籍中是十分常见的。

第二章 清初器物与康熙青花瓷

我们对清初瓷器所知甚少。御窑厂确实在运作，但我们也只听闻过奉旨制造龙缸和栏板未成的结果。栏板面积要求做成 0.7 平方米，这在当时难度极大。1712 年，殷弘绪在信中提到，当时能够轻易做出的最大栏板尺寸仅有 0.09 平方米。不过，可以肯定的是，顺治时期的这些器物属于《明代器物》后面章节描述的"过渡"类型。这也已经被证实了，因为我们看到了两件注有日期的瓷器——林德利·斯科特博士收藏品（Dr. Lindley Scott's Collection）中的一件晚明风格的三彩瓷，还有收藏于大英博物馆、底款是"大清年制"的仿明灰蓝青花狮子牡丹纹碗，因为这样的底款只会出现在清初。

大英博物馆收藏了一小批有趣的青花瓷，其中无疑有一些顺治瓷器和康熙早期瓷器。这些瓷器是在桌湾沉没的荷兰船只上找到的，这些失事船只中就有 1648 年沉没的"哈尔莱姆"（Haarlem）号帆船。遗憾的是，没有任何证据表明哪些特定样品（如果有的话）是"哈尔莱姆"号上的，但这组样品值得收藏家关注，有小瓷盘、碟、茶杯与茶托（一些小的薄胎瓷）、罐和小青花瓶，以及两件白色的福建瓷器。大多青花瓷都薄且易碎，用叶状面板轻轻塑形，绘上淡淡的花卉、鹿、鸟等图案，还有人物主题的青花瓷，绘有骑马的士兵和女人、妇女和孩子等形象。其中有一类青花瓷绘着站在花瓶边的女士们，荷兰人称之为修长伊丽莎（Lange Lijzen）。所有收藏家都知道修长伊丽莎和"追爱"（love chase）碟子。"追爱"碟子描绘了一对男女骑在马背上狩猎野兔的情景，与桌湾瓷属于同一类，很像晚明出口的精致而易碎的瓷器。但收藏家很快就注意到，这些瓷器在色彩层次与光泽上与出口瓷器有差异，而且它们的底款都是"成化年制"。

"追爱"碟子和一些桌湾瓷都用淡银蓝颜料上色，还有一些桌湾瓷也会用靛蓝或康熙年间的宝石蓝颜料上色。桌湾瓷的底部会有伪成化与康熙年号，还有一些额外款识，比如"玉"字，以及一些堂名款。

通过比对制作材料，我们可以将大量青花瓷样品归入桌湾瓷这一类，并鉴定出一些出口五彩瓷。出口五彩瓷是同样薄且易碎的盘、杯、碟，饰有一排排明亮的彩色珐琅花瓣形状的格子。我们应该在这类瓷器中找些早期五彩瓷的样品，而不应在黑色山楂罐和其他康熙瓷器中找样品，因为它们在1680年景德镇重建之前还没出现。

新的时代由此开启，皇帝大概已经放弃将御窑厂转移到北京的想法，于是任命臧应选管理景德镇御窑厂，他与年希尧、唐英并称三位最伟大的督陶官。臧应选凭借出色的管理，造就了中国陶瓷史上最辉煌的时段之一，这一历史高峰从1680年持续到1750年，长达七十年。他的后继者唐英用诗颂扬他的功绩。遗憾的是，唐英并没有不惜笔墨讲述前辈的细节。如果知道臧应选在制瓷方面有没有过人之处、他有没有特别的作品，一定很有趣。《景德镇陶录》的讲述更明确一点，书中提到当时所用材料质量上乘，诸色兼备。鳝鱼黄、松石绿、斑点黄尤佳，浇黄、紫金、浇绿、吹红、吹青亦美。我们将在后面讨论釉色，为方便起见，本书将按顺序介绍康熙时期的主要瓷器类型，第一位必定是青花瓷。[1]

从明朝开始，青花就被视为最适合在瓷器上绘制纹饰的彩料。明朝大部分瓷器都是青花瓷，今天的收藏家发现青花瓷因设计新颖、蓝色多样、层次分明而广受欢迎。明代青花瓷的蓝色有时是淡蓝和银蓝，有时是暗紫色，也会褪为靛蓝和灰色。色调在很大程度上取决于钴的含量，而钴的含量是不稳定的，因此色调也取决于如何提炼钴元素。但明代青花瓷的特点已在《明代器物》中详细列出，这里只需稍加回顾，以便与康熙青花瓷进行对比。

康熙末年，虽然粉彩瓷开始受到高度青睐，但青花瓷地位依旧。国内市场和欧洲市场争相收购，殷弘绪曾一度认为，欧洲商人独爱青花而很少顾及其他。进口青花瓷在欧洲流传至今，而且必须承认，青花瓷如此受欢迎是物有所值的。青花瓷一直价格不菲。1690年，布里斯托伯爵（lord of Bristol）[2] "为了亲爱的夫人" 花上大价钱从犹太人麦地那（Medina ye Jew）和荷兰人科勒芒（Collemar ye Dutchman）那里买来茶壶、大罐、瓷杯、旧瓷瓶、碟、米罐等器物。当然，与业余爱好者今天购买上等青花瓷的出价相比，简直是小巫见大巫。即使是档次较低的瓷器，也有市场公认的价值。康熙年间的青花瓷更是如此，

---

[1] "老南京"这个名字在青花瓷的拍卖会上流传至今，这无疑是因为大部分青花瓷都是从南京长江边的港口运来的。据我们所知，这些瓷器都不是南京制造的。

[2] 第一代布里斯托伯爵约翰·赫维（John Hervey）的日记。

最好的青花瓷拥有普通瓷器难以企及的装饰价值。

无法练就中国的青花瓷烧制技艺一直是欧洲陶艺家们的心病。不管付出多少努力，他们从未成功控制颜料的流动使其达到康熙瓷器层次分明的薄涂层那种程度，也没能再现钴蓝色的光亮深度或纯蓝宝石色。日本人的研制较为成功，特别是对明代瓷器的仿制，尽管如此，他们的瓷器依然无法与康熙青花瓷匹敌。中国技艺与他国技艺的一个突出区别在于，中国人将蓝彩涂于瓷坯表面，并一次性完成胎体、釉料和颜色的烧制。但这些还不足以概括中国青花瓷的成功。一位瓷匠透露，青花瓷的奥秘就在于釉面上锡的使用，只有瓷器专家才对这种做法的可行性有发言权，我们对这个有趣的纯技术性问题的权威解释翘首以盼。同时，可以肯定地说，与中国其他时代的青花瓷相比，康熙青花瓷的独特优点是做工极为精细。

首先取一个好的样品并对其进行检查，坯体材料是纯白黏土，颗粒致密。无论器物是什么形状，都是匀称美观的，尤其是拉坯成型的器物，总是相当匀称的。釉料通常不引人注目，但清淡澄澈、光亮无杂色，只有微弱的淡绿色有助于协调蓝色绘饰与白色釉面。坯体和釉面相结合，生成结构牢固的凝乳，使坯体上的蓝色展现得淋漓尽致。蓝色颜料的质量对收藏家来说至关重要。根据个人喜好颜色可深可浅，银色或深宝蓝色都可以，但必须纯粹，不能掺杂任何红色和灰色。康熙时期的青花绘画是将模糊的轮廓用渐变的蓝料填充，这是对蓝料质量的严格考验。[1] 若蓝料不纯，大理石般的色块就会变得暗淡，高纯度的蓝料只能通过精细提炼钴矿取得。纹饰需要经过精心选择和设计，最后将底足修得干净平整，使其适合放在木制底座上。施一层釉以保护底足和底款，覆盖部分底足，留下裸边，这时与空气接触的釉会在烧制过程中轻微变褐色。

康熙青花瓷的设计并非无可挑剔，它们的纹饰总是很密集，有些甚至多余，虽然承袭明代青花瓷，但缺少了明代青花瓷的新颖自然。鉴于窑厂制度，操作难免有些机械。明代窑厂并非没有分工，但到康熙年间，分工被固化成一种技艺。每种纹饰都有专人来画，即使是环绕圆器的圈足也有分工。有些画师专门勾勒线条，而

---

[1] 与明代典型风格形成鲜明对比，明代青花瓷图案勾勒得很重，而填充的水彩却很轻。明代青花瓷的蓝色也是明显不同的，因为它通常偏紫或偏灰。

花、鸟、人物与动物形象、山水景色也由不同画师负责，另外一部分画工用蓝色颜料填色。题字当然也由专人负责，御窑厂有个部门专门负责写款盖章。

殷弘绪对瓷器画师的评价并不高。他将瓷器画师与普通工人相提并论，将他们的效率与四个月的欧洲学徒相比。他的言论显然受到了外国偏见的影响，因为外国人无法理解中国的绘画传统。可就连殷弘绪也不得不承认"他们在瓷器上绘出了美妙的花卉、动物和风景"。今天，我们意识到，不论瓷器画师的地位如何、使用的方法有多机械，他们的成果是无可挑剔的。康熙瓷器上很少有糟糕的画。

若不是因为蓝色颜料美丽，这种机械的技艺不可能为康熙青花瓷赢得世界认可。人们发觉窑厂也意识到了这一点，这导致越来越多的设计成为蓝色颜料的载体。在最为华丽的器物上，白色完全处于次要地位，白色图案附着在大理石蓝背景上，取代了广阔白色背景上的蓝色纹饰。这种效果十分出色，但这几乎完全取决于蓝色颜料的质量，收藏家应密切关注这一点。颜色的细微差别是无穷无尽的，外行几乎察觉不到第一、第二和第三等级蓝色间的差别，但当普通买家与专家竞相购买时，这种差别就会显现出来。曾经有专家将青花瓷作为终身研究的课题，而且他们发现这能够带来巨大利益，现在也许依旧是这样。但即使我们不追求至高的专业知识，具有基本品位和眼光的人也都能够迅速发现一流和较好作品、中等和劣质作品之间更广泛的区别。如果我们不相信自己的判断，那么就在口袋里放一小片经过验证的青花瓷碎片，作为在拍卖会上或商店里的试金石。

有志于研究的人应该不难找到合意的青花瓷。英国有许多精美的公共和私人藏品，足以满足伦敦人的需求。维多利亚和阿尔伯特博物馆中的素廷收藏品（Salting Collection）和其他收藏品、大英博物馆中的弗兰克斯收藏品（Franks Collection）中一系列出色的样品，几乎囊括了青花瓷这一主题。人们将在利物浦阳光港（Port Sunlight）的利弗夫人美术馆（Lady Lever Art Gallery）找到他们感兴趣的种类繁多、制作精美的收藏品。收藏品中有一系列质量一流的冰梅纹罐，还有可以想象到的最好的青花瓷瓶，以及几件特殊尺寸[1]的藏品，这些藏品的尺寸堪比德累斯顿国家艺

---

1 其中一件藏品高约1米。

术收藏馆著名的"近卫军"花瓶[1]。

  阳光港收藏品（Port Sunlight Collection）中有很多五件套（即成套做的三件盖罐和两件饮器，用来装饰壁炉）。这种器物在中国人的住宅中无处安放，显然用于出口，但是，它们以卓越的品质充分说明，外国商人那时完全能够买到做工最好的青花瓷。

  1692年到访北京的俄国公使斯布兰特·伊戴斯（Ysbranti Ides）在一份有关中国瓷器的简短报告[2]中指出，上等瓷器是不允许外销的。这千真万确，纯正的本土风格瓷器在中国被视若珍宝，因此不宜落入不懂欣赏的外国人手中。但是，德累斯顿国家艺术收藏馆和其他收藏馆有大量样品表明，外销欧洲的瓷器往往质量很高。

---

[1] 据称，建立了历史悠久的德累斯顿国家艺术收藏馆的奥古斯特二世（Augustus the Strong）（主要在1694年至1705年之间）为购买一套巨型花瓶，用600名近卫军士兵去交换。但在康熙时期，如此巨大的花瓶肯定罕见，因为殷弘绪在他的第二封信（写于1722年）中描述了一个高1.2米、分三部分制作的盖罐，虽然其一度被认为是不可行的，但在那一年确实制作过。

[2] 参见玛里亚特（Marryat），《陶器与瓷器》（Pottery and Porcelain），原书第243页："最精美、最华丽和最有价值的瓷器是不出口的，至少出口是非常少的，特别是黄釉瓷，仅供皇宫使用，其余所有人都禁止接触。"

  本书还会在其他章节中提到中国瓷器的常见造型与纹饰，所以在此不用将青花瓷进行详细罗列。但是，读者一定希望了解康熙瓷器的一些特别之处。

  首先是漂亮的盖罐，中国人在新年将茶叶或点心放在盖罐里送给朋友。把罐子还回去是理所当然的。我们经常给这些精美瓷器起各种名字，如姜罐、山楂罐、冰梅纹罐，其中冰梅纹罐最为合适。盖罐为扁平椭圆形，罐直口，短颈。圆盖，有时为平顶，罐通体绘折枝梅花，枝丫交错，白色的梅花点缀在大理石蓝的釉面上，网状的冰裂纹遍布罐身。冰梅纹罐设计本身就极具美感，也是最能体现康熙青花品质的瓷器。梅花静开，纹饰自由、淡雅，相当匀称，与浓重的宝蓝色背景形成鲜明对比，极具中国风格，既引人驻足，又引人注目。冰面开裂，冬去春来，梅花绽放。在中国，梅花富有象征意义，中国的农历新年比西方国家的新年晚三到七周，梅花报春，应时而至，令人愉悦。

  在维多利亚和阿尔伯特博物馆和阳光港可以看到冰梅纹罐的精美样品。椭圆罐身比例完美，曲线流畅，梅花图案分布均匀，没有任何僵硬感，蓝色深沉而明亮，具有浓重的蓝宝石色调，白色坚实而纯粹。有些罐上还留着原来的圆盖，但并非所有冰梅纹罐都是这样，因为随着时间的流逝，这些易碎的盖子已经被木盖或瓷盖所取代。瓷器鉴赏家们会注意到，盖子的口沿直而短，盖口处没有上釉，罐肩的纹饰是一条狭窄的齿形带状图案。

但像插图1这样精美的样品十分罕见，当然价格也很高，即使是康熙时期的一般作品也很难得到。但由于梅花纹饰太具吸引力，因此过多运用使其落入俗套也是无法避免的，我们发现新旧器物上的梅花纹饰都相当平庸。一些清末时期质量明显下降的瓷器画法生硬，蓝色或花哨，或苍白，或不纯。另外，若姜罐的形状受到影响，整体比例就会不好，肩部会稍显沉重，侧面则会扁平。有时，梅花纹饰也失去了原有的特点，甚至简化为单调的花纹，或多或少地对称排列在蓝色釉面上。这种纹饰不适合大面积使用，但应用在包边图案和小型器物上的效果是很好的，见插图2的精致冰梅纹瓷盒。

其他青花瓷虽然没有像冰梅纹罐那样广受讨论，但也颇具特色。比起冰梅纹罐，这些瓷器确实始终如一地好，因为人们的兴趣不强烈，也不足以使之庸俗化。像圆罐、花瓶、瓷杯、两节或三节式缠枝牡丹龙纹葫芦瓶，不时出现内嵌花朵形状的圆形开光；或者造型和设计都类似，但纹饰主要由缠枝玫瑰组成，上部的椭圆浮雕有时会像票据标签那样留白。最后一种类型，即所谓的"玫瑰和标签"瓷器，在插图2中有所说明。尽管这些瓷器质量很好，常常用最好的蓝色颜料上色，但它们显然是用于出口的，经常出现在仅供欧洲使用的套装里。另一种是细长的圆罐，束颈，横绘古代龙饰和灵芝，龙饰与缠枝花卉相互交错。[1] 这种也是蓝釉白花瓷器，质量几乎都很好。此外，还有细颈瓶或花浇，还有执壶，细长的壶嘴与把手上绘有大的叶状开光装饰或连接在一起的镜子状纹饰，缠枝花卉绘于蓝釉白花瓷器上，侧面的菱形内镶嵌了小花或网状纹饰。[2] 还有边缘较深的罐，绘有如意状垂饰或扇形彩边饰，同样，蓝釉白花罐上也绘有缠枝花卉。古代青铜器上的图案，虽然在乾隆器物上更为常见，但康熙时期的匠人也偶尔使用，如插图2的三节式葫芦瓶。

当我们将目光转向青花瓷纹饰时，就

---

1 《大英博物馆远东陶瓷指南》（Guide to the Pottery and Porcelain of the Far East in the British Museum），图107。

2 《大英博物馆远东陶瓷指南》，图112和图114。

插图1

| 康熙青花冰裂梅花纹盖罐 |

高 10 英寸 [1]

加斯帕德·法勒收藏品

1　英寸：英美制长度单位，1 英寸等于 1 英尺的 1/12，合 2.54 厘米。

插图2

图 1

图 2

图 3

| 图 1　康熙青花大罐 |

渐变蓝地上绘白色的"玫瑰与标签"图案

高 19.5 英寸

R. T. 伍德曼收藏品

| 图 2　蓝地白花三节式葫芦瓶 |

绘有青铜器上的兽首纹等

高 9.875 英寸

查尔斯·罗素收藏品（Charles Russell Collection）

（原为 R. 班尼特收藏品）

| 图 3　瓷盒 |

精美的蓝色冰裂纹地绘白梅

口径 3 英寸

A. T. 沃尔上校收藏品（Capt. A. T. Warre Collection）

进入了一个更为广阔的领域。所有古老的明代纹饰都倾向于反复呈现山水景观、花卉、虫鸟、历史人物、历史事件、爱情故事，但我们只能列举少数较特殊的康熙瓷器。插图3展现了典型的山水景观纹饰；插图4中的精美花瓶描绘了一幅河景图，渔民坐在船里，神态各异。各种品质的康熙瓷器上，总会出现花篮，还有山鹑站于假山之上，假山上盛开着牡丹、梅花，还有繁茂的竹叶。牡丹花团锦簇，荷叶环绕着大朵荷花，这些纹饰都与花瓶有着特别的联系，瓶身宽大，颈高而粗。花瓶总用上等蓝色颜料上色，倒垂莲同样如此，常见于大圆盖杯和盖罐，有时在铸有串珠状缘饰开光的瓷盘上也能见到倒垂莲的形象。[1] 这种瓷盘有件极好的样品，W. F. 史密斯（W. F. Smith）先生将其捐赠给了大英博物馆。

在盘、碟与盖碗上，紫菀纹饰很常见，这种花由茎簇生，花朵呈放射状，通常用深蓝色绘制。另一种对花卉纹饰的独特处理方式可见于木兰花瓶，盖罐或饮器上画着优雅开放的木兰，常伴有浅浅的浮雕，周围的蓝色背景衬托着中间白色的花朵，可见插图5。在伦纳德·高收藏品（Leonard Gow Collection）中，一件优美的花瓶上出现了同样的纹饰，只是画的是梅花而不是木兰花。[2]

这一时期，许多出口的瓷器都会有浅浅的浮雕。碗、盘、杯、碟和成套的盖罐与饮器经常用浮雕装饰，小型叶状开光内绘有风景、绽放的花朵、单个或多个人物形象，见插图5，图1。绘制的人物通常是高挑优雅的美人，独自或成双成对站在花园里的花瓶前，荷兰进口商称之为"修长的伊丽莎"（long Elizas）。人们可能会认为，像瓷器这样高雅美丽的事物会激发诗性，但从商人们的惯用词汇，如"修长的伊丽莎"、姜罐、"鱼卵"和"蛙卵"等来看，从事东方商品交易的商人们出奇地不浪漫。而那些被敷衍地称为修长伊丽莎的优雅女性形象，也许是所有将人物作为陶瓷纹饰主题中最成功的一次尝试了。

对于专门为欧洲商人制作的瓷器，殷弘绪有一些有趣的评论。外国人对稀奇古怪的造型情有独钟，制造商希望迅速满足顾客需求，就必然要保留大量流行造型的

---

1 《大英博物馆远东陶瓷指南》，图113。

2 参见《伯灵顿杂志》（Burlington Magazine），1924年10月。

插图3

图 1

图 2

图 3

| 图1　康熙青花蒜头瓶 |

霁蓝彩绘河景

写有"店铺"款识

高 10.75 英寸

查尔斯·罗素收藏品（原为 R. 班尼特收藏品）

| 图2　棒槌瓶 |

霁蓝绘山景

高 7.5 英寸

查尔斯·罗素收藏品

| 图3　瓷盘 |

盘中绘欧洲男女奏乐场景，盘口绘花瓣形开光，开光内绘山水

直径 14 英寸

曼彻斯特美术馆，莱斯特·科利尔收藏品（Leicester Collier Collection）

插图4

| 康熙花瓶 |

器型介于观音瓶与棒槌瓶之间,用纯净的宝石蓝彩细绘水面、渔船、渔人捕鱼画面;颈部绘四种装饰性"寿"字;颈边环饰如意纹与云雷纹

款识为叶片,外围双圈

高 17.2 英寸

F. N. 席勒收藏品(F. N. Schiller Collection)

插图5

图1　　　　　　　　　图2

| 图1　康熙青花瓶 |

器身呈凸起叶形，其中园景、仕女、孩童均用蓝彩绘制

高 11.24 英寸

查尔斯·罗素收藏品（原为特莱普涅尔收藏品）

| 图2　觚 |

绘山石、雉鸡、玉兰与牡丹，纹饰有部分凸起，
分别施青花釉里红或绿釉；腹部绘古龙

成化款识

高 17 英寸

查尔斯·罗素收藏品

 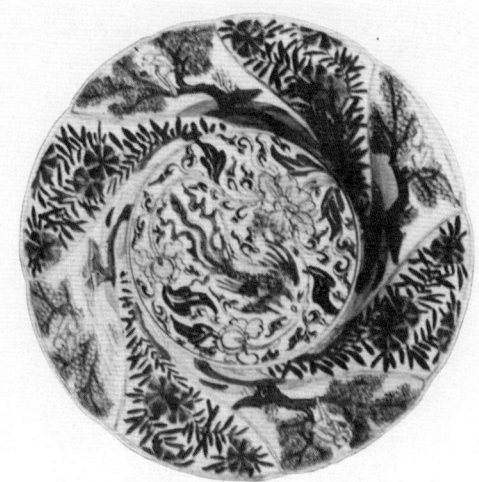

图3　　　　　　　　　　图4

| 图3　瓷盘 |

带模印叶片

款识为一朵花

直径 10.5 英寸

A. T. 沃尔上校收藏品

| 图4　瓷盘 |

缘饰呈大型串珠状，盘内绘凤凰等

款识为"奇玉宝鼎之珍"

直径 10.5 英寸

A. T. 沃尔上校收藏品

模具。凡是研究过外销康熙瓷器的人,都能证实这一说法的真实性,珐琅彩瓷和青花瓷也是如此。形状复杂的多边形花瓶是分块制成的,还铸有奇怪的饰件,自安妮女王时代以来,它们就一直放在乡村宅邸。与其说它们美丽,不如说它们古怪。由于这些瓷器在中国没有市场,商人们又会因为一点瑕疵就拒绝购买,最后只能砸在自己手里,所以中国人不得不对这些商品收取高价。同样,异常尺寸的瓷罐和花瓶大多是外销欧洲的。例如,1722年制造的1.2米的瓷罐"是与欧洲人打交道的广州商人订购的"。当然,皇帝偶尔也需要大型器物,皇太子曾指派烧造龙缸和大吊灯。我们得知,实际上,御窑厂官员们询问过殷弘绪的意见,他们希望制作古怪新颖的瓷器迎合皇家的审美,但随从们恳请殷弘绪不要这样做,制作形状古怪的瓷器相当困难,官员们可能会失望,工人们也会受苦。由此,我们也许能追溯到一些奇怪的带耳瓶子[1],显然它们是仿照威尼斯玻璃制成的,在康熙青花瓷藏品中偶尔可以看到。当然,较为普通的欧洲餐具,如盘子、茶具、啤酒杯、壶、盐罐等,也都制作出来了。这些器皿的供应似乎无穷无尽,但它们质量一般,有时还有用沉闷、甚至浓重的蓝色绘制的毫无意义的纹饰。这一时期中国瓷器的一个缺陷是瓷盘和其他瓷器的尖锐边缘容易出现缺口、容易剥落。殷弘绪告诉我们,中国人意识到了这个问题,于是在局部涂上一层特殊的釉,在不影响瓷器颜色的情况下弥补了不足。不久后,人们选择涂一层有光泽的褐釉来保护瓷器脆弱的边缘。

这一时期青花瓷的纪年款是多种多样的。据记载,1677年,县令禁止景德镇瓷匠在瓷器上书写皇帝的名字或任何与皇帝有关的文字,以免遭损坏和亵渎。虽然该禁令只维持了一段时间,但这可能开启了使用花押款或其他款识代替康熙年号的先河,这种做法由此流传开来。在康熙瓷器上,宣德、成化等明朝皇帝的纪年款都比康熙纪年款更为常见。有时赞颂款、堂名款和花押款等款识取代了纪年款,有时瓷器底部只有两个套在一起的同心圆环,没有文字。结果,这些替代款识成为康熙年间所制瓷器的证据,其中一些款识,如"玉"字,就是高品质的保证。

另一种出现在优质青花瓷和珐琅彩瓷上的款识,显然源自欧洲。它形似大写字

---

[1] 《大英博物馆远东陶瓷指南》,图109。

母 G，出现在某些直颈瓶上，瓶身绘有风格独特的缠枝花卉，可能是受到了荷兰的影响。[1] 毫无疑问，这是为外国公司制作的器物上的特殊款识。

我们还会提到一些特殊的青花瓷。在这里要感谢殷弘绪对其中两种的描述。第一种是所谓的"软质瓷"（soft-paste），是美国人起的名字，和陶瓷领域中许多模式化的术语一样，经不起推敲。对欧洲人来说，软质瓷指的是塞弗勒瓷厂和切尔西瓷厂的陶瓷器，它们的质地确实非常柔软，而中国瓷器则非常坚硬。另一方面，软质瓷的釉料比普通长石釉更软，它含有铅的软化成分，常有裂纹。至于器身，殷弘绪告诉我们，它是由滑石与白不子按照8∶2的比例制成的，滑石是一种滑腻的肥皂似的材料，一般被认为是皂石或块滑石[2]。换句话说，滑石取代了高岭土，所以将这种器物称为滑石瓷更为准确。

我们的专家说："用滑石制作的瓷器很罕见，而且比其他瓷器昂贵得多。滑石颗粒精细，就绘画而言，用滑石制作的瓷器相比于普通瓷器就如同牛皮纸相比于普通白纸。此外，对于那些拿惯了其他瓷器的人来说，滑石瓷出乎意料地轻，也比普通瓷器脆弱得多，而且很难把握烧制的确切温度。有些瓷匠不用滑石做器身，但他们满足于制作一种稀释的滑液，将干燥的瓷坯浸入其中，以便在上色和上釉之前涂上一层滑石，借此获得一定程度的美感。"

这是对两种块滑石瓷器的准确描述。饱满的滑石外表是干燥的，呈土黄色，触感细腻但不油滑。中国人称它为沙胎或浆胎，不透明度高。滑石瓷是贵重的器皿，通常用来装中国人喜爱也擅长制作的小巧玲珑的物件，如桌案上的摆设、笔洗、砚滴、小花瓶、香炉和印泥盒等。此外，滑石瓷还由最专业的画家用上等青花料进行绘制，不用分水，而是采用真正的书法风格，借助精细的笔触达到效果。这种精细的笔画装饰是受明初青花瓷艺术家影响形成的风格之一，但在明末和康熙时期的普通青花瓷上很少用到。

在殷弘绪的印象中，1722年滑石还是新奇的东西，但他经常把旧事物复兴误

1　青花瓶，上面有颇有欧洲风情的花纹；此处款识见《大英博物馆远东陶瓷指南》，图 3。

2　然而，沃格特分析了这种材料，他宣称这种材料不含镁，是一种伟晶岩而不是皂石。然而，我们保留了"块滑石"一词，以区分用滑石制作的特殊器皿。

认为新事物诞生，所以我们对他的说法姑妄听之，尤其是制造一种用料与滑石极为相似的蓝釉瓷器，被证实是16世纪某些瓷匠的专长。[1] 但我们确实知道，在雍正和乾隆之后，滑石可以自由使用。其实几乎可以说，唯一值得注意的乾隆青花瓷是块滑石型的。

插图6和插图7展示了这种块滑石瓷器。其中一些是 P. 大卫（P. David）先生的精美私人藏品。通过这些藏品，你能够体会到这些精美瓷器的明亮多样和魅力。有些瓷器几乎是不透明的，圈足处的素胎相当暗淡。其他瓷器，例如插图7的图3，薄如蛋壳，釉面有不均匀的橘皮质感，伴有轻微裂纹。较大的藏品，比如大英博物馆的一件花瓶和大维德收藏品（David Collection）中的一件刻有麻姑及其像狮子一样的神兽的精致花瓶，这两种藏品均属于第二种块滑石瓷器，表面有薄涂层，瓷身洁白，有裂纹。[2]

在英国的公共展品和私人收藏中都可以看到这两种块滑石瓷器的样品。第一种块滑石瓷器在鼻烟壶中能找到。但第二种块滑石瓷器的样品仍需寻找，殷弘绪在1712年的信中写下了诱人的描述，但他在写这封信的时候，这门技艺已经失传了。他写道："中国人曾经能在瓷器内侧画鱼和其他生物，只有当容器盛满液体时才能看到。他们称此种器皿为加青，也就是压青，以上色的方式命名。以下是他们能回忆起的所有秘密，也许欧洲人能帮忙想象出中国人遗忘的东西：用这种方法进行绘制的瓷器必须非常薄，坯体干燥时，要用浓重的蓝色颜料上色，不同的是蓝色颜料不涂在瓷器表面，而是涂在瓷器内部，通常鱼是主题，因为当杯子盛满水时，鱼恰好出现。表面干燥后，薄薄盖上一层稀释的泥浆，泥浆与坯体材料相同。这一涂层将蓝色颜料包裹在两层黏土之间，涂层干燥后，在瓷器内部喷釉。将瓷器置于车床上，此时其内部已盖上一层泥浆，外部被削掉后，再浸入釉中，彻底干燥后入窑烧制。这项操作极其精细，但在中国已经失传了。尽管如此，瓷匠们偶尔还是会试着揭开这个神秘装饰的秘密，但都没有成功。一位瓷匠自信地对我讲，他最近尝试了一次，而且差点就成功了。"

制成这样一件瓷器似乎并不是不可能的。这显然需要极其娴熟的操作，但是

---

[1] 参见霍布森（Hobson），《明代器物》（Wares of the Ming Dynasty），第185页。

[2] 《大英博物馆远东陶瓷指南》，图137。

插图6

图 1

图 2

| 图 1　撇口观音尊 |

施精细块滑石裂纹釉,绘假山、牡丹与菊花;颈部与器底上方有凸起条纹

嘉靖款识,但为康熙年间制作

高 4.4 英寸

P. 大维德收藏品

| 图 2　青花茶壶 |

高 3 英寸

A. T. 沃尔上校收藏品

| 图 3　青花印盒 |
款识为梅花
高 2.25 英寸
查尔斯·罗素收藏品

| 图 4　青花瓶型花瓶 |
雍正款识
高 2.875 英寸
查尔斯·罗素收藏品

插图7

图1　　　　　　　　　　　图2

桌案文具

| 图1　康熙鸭伴荷叶形吸杯 |

瓷身施彩绘，砚滴外施黄釉，内施绿釉，鸭身施虎皮纹；
荷叶枝构成管，与砚滴内部相通

高 3.25 英寸

A. T. 沃尔上校收藏品

| 图2　笔洗 |

黄地刻古龙与花纹

蓝彩书康熙款识

高 2 英寸

A. T. 沃尔上校收藏品

图 3

图 4

| 图 3 　薄胎瓷笔洗 |

施橘皮釉；鱼卵地有两面开光，开光内绘青花海兽；
胎体薄如蝉翼，从内壁可以看到外壁的青花纹饰

乾隆六字款识

口径 2.5 英寸

P. 大维德收藏品

| 图 4 　乾隆太白尊 |

施定窑牙白橘皮釉，有轻微裂纹；刻绘浮雕纹饰；
绘五只蝙蝠、海浪、梅花与岩石

口径 3.5 英寸

P. 大维德收藏品

这种泥浆是如何使暗淡的颜色在坚不可摧的瓷器釉面上焕发活力的,这仍然是一个谜。《向氏图集》(Hsiang's Album)中提到了宜兴茶壶,倒满茶后会变色。[1] 人们可能很难相信这两个故事。但我们又该如何看待俄罗斯特使斯布兰特·伊戴斯的记述呢？他在 1692 年访问北京时,除了完成其他事项,他还写道:"中国有一种白瓷,非常薄,在清漆涂层间的金属上绘有蓝色的鱼,杯里盛满水才能看到它们。"他并没有确定地说看到了样品,也许只是在重复当时流传的故事而已。这种隐秘装饰的传统可能是瓷匠在制造带有浅蓝装饰的器物时出现的想法,大英博物馆有两三件器物就是如此。这些器物瓷身洁白,玻璃质地,显然由特殊成分制作而成,通常用针尖在坯体上刻一条龙,刻痕上明显填了钴料,用普通的方法上釉并烧制,最后烧制成带有淡蓝色纹饰的花瓶。另外,这些瓷器有成化款识,但它们的出现不会早于雍正时期。有趣的是,这一时期之后不久出现的斯塔福德郡盐釉炻器[2] 上最早的蓝色装饰也是以极为相似的方式制作的。

还有一种上釉前使用的颜料,与蓝色颜料相同,都在瓷窑的高温下形成,这就是以铜为显色剂的釉里红。我们将在美丽的红釉中详细介绍这种颜料,这也是康熙时期的精品之一。同时,我们注意到,铜红既可以单独用于绘画设计,也可以与青花一同使用。然而,从 15 世纪开始,这种颜料似乎给各个时期的瓷匠带来了很多麻烦。在宣德和成化时期,铜红取得了惊人的成功,而在另一个时期,它却被彻底抛弃了。虽然铜红在康熙器物中并不引人注目,但后来各个统治时期烧制成功的瓷器都是以此为基础的。

用两种不同的方法会产生不同的釉里红。其中一种釉里红以明快、清晰的笔触出现,就像上文中提到的铅笔画中的蓝色颜料那样;而另一种釉里红堆积成厚重的涂层,常有明显的浮雕,甚至会有裂纹。后者更像釉料,事实上,它具有牛血红和桃花片的特征。

无论是否有白黏土[3] 的帮助,釉里红和青花都能有效地和青釉和淡紫釉结合。青色似乎与铜红色特别相称,一些

---

1 参见霍布森,《明代器物》,第 196 页。

2 这就是所谓的刮蓝盐釉。

3 即液态黏土。

最精美的釉里红瓷器使用的就是淡青绿釉。至此我们来到了雍正、乾隆时期，此类瓷器必须留到下一章再讲。不过，读者可以参阅插图 5 中的康熙瓷器样品，一件绘有岩石、雉鸡、牡丹和玉兰花的美丽饮器，有部分浮雕，用釉里红、蓝与青绿着色。瓷器顶部，蓝料或蓝彩衬托着玉兰花，在前文中已进行过详细说明。

第三章 釉下五彩瓷

除青花瓷外，康熙瓷器中最具特色的是五彩瓷。五彩瓷以绿色为主，因此被称为"绿色家族"[1]。虽然绿色居多，但绿色并不是唯一的颜色。事实上，五彩瓷也会以黄、蓝紫、茄紫、珊瑚红、金等色彩与黑色反衬绿色。

微量金属氧化物是五彩颜料的着色剂，钴用于制作蓝色颜料，铜制绿色颜料，锰制茄紫色颜料，铁制红色颜料，铁或锑制黄色颜料，通常情况下，它们都与铅熔剂混合，形成光滑易熔的釉料。这种颜料经隔焰窑以较低温度熔化在瓷器表面，冷却后就会形成鲜艳透明的釉层。红色颜料是个例外，它几乎不需要熔剂材料，只要将颜料和水混入少量牛胶，就能使其黏附到瓷器表面。五彩颜料需要的光滑成分来自釉料本身。另一个例外是干褐色或黑色颜料（从锰中提取），用于绘制轮廓或制作黑色珐琅彩瓷的衬里。黑色珐琅彩只不过是在黑色瓷面上涂一层透明彩釉，这种彩釉通常是绿色的，有时也会是紫红色的。后来，有时会用无色助熔剂使器物的颜色变深，或者将颜料和无色助熔剂混合在一起，但由此产生的颜色明显不如康熙时期的墨绿色。

五彩瓷与明代瓷匠在"五色瓷"中使用的颜料十分相似，它们的打造过程是相同的，但在成品中可以观察到一些差异。康熙时期的黄色较明代瓷器更莹润，色彩更淡；添了新的绿色，淡苹果绿最为明显；红色也更淡，更薄，更偏向珊瑚色；蓝紫色（这种颜料只是阶段性地用在晚明的器物上）取代了明代特有的松石绿。这种蓝紫色彩釉十分漂亮，是五彩的特色之一。鉴赏家在鉴定瓷器时特别看重这种蓝紫色，如果蓝色明亮清澈，瓷器就会受到高度重视。人们常常注意到，这种彩釉有一种特质，它似乎能使周围的白瓷沾上一种奇怪的油渍，就像油浮在水面上那样有光泽。这种所谓的"光晕"，无疑是某种蓝色颜料放射出来的，因其不常出现，我们将其视作缺陷，并最终找到了补救办法。但收藏家们却没有因其存在而苦恼，反而将其看作真品的标志。

康熙时期的五彩瓷就是用这种稀少而精致的颜料制成陶瓷装饰的杰作，有时还以描金点缀。中国的艺术家们能够绘制出各种图案，用以发挥这些颜料的无限效果。根据制作工艺与外观可以将五彩瓷分成两大类，一种是釉下五彩，一种是釉上

---

[1] 原文为"famille verte"，直译为"绿色家族"，可理解为"以绿色为主的釉上彩瓷"。——译者注

五彩。

首先来看釉下五彩，它是在素烧瓷上完成的，素烧瓷是指在窑中烧制完成但未上釉的瓷体。虽然它是清透的白色，但表面没有光泽，很少反射光线。釉下五彩是用以下方法绘制的：首先，用棕黑颜料勾勒出图案的完整轮廓。将颜料覆于轮廓，再根据需要将颜色晕染开，这样可以使图案清晰地显现出来。素坯很少运用五彩进行装饰，这可以追溯到明三彩装饰。三彩通常以绿、黄、茄紫三色构成，再覆上一层透明釉，这种透明釉带有淡绿色和明显的光泽。[1] 珊瑚红和蓝紫色颜料因不太适用于素坯而较少使用，使用时需要一种特殊的瓷釉帮助上色，如插图 8 中的一对人物所示。

釉下五彩通常装饰满窑，若直接让素胎暴露在外，很容易变脏或变色。但有例外，瓷器底部及其他不重要的地方还有软浮雕部分不用上釉。软浮雕通常需要在素瓷坯的状态下打造，但即便如此，人们还是经常借助红釉描金。随着时间的推移，金色和红色都消失了，如今，涂过的部分一般是光秃秃的，但细看也会在空处发现红色和金色的残留。

釉下五彩与底色共同呈现出低调华丽的色彩。单色釉的色彩比釉上彩更深、更柔和，绿、黄、茄紫三色组合的盛行使瓷器外观别具一格。这种装饰风格应用在各种造型与品类的瓷器上，尤以设计复杂的雕像和装饰品为甚，因为单色釉比单色釉加彩釉对瓷器装饰清晰度的干扰要小。事实上，如果像使用颜料一样使用釉料，就很容易在瓷器表面的凹陷处堆积成厚厚的一层，使轮廓变得不清晰。

釉下五彩瓷是从明代开始制作的，粗心的人会因此将其一概称为明瓷，这极具误导性。因为现有的样品中大部分是产于清朝的。如果还有人因为不科学的书籍和销售目录而产生这种错觉，我们就只能带他参观大英博物馆里一个极有趣的小砚台，它看上去是一件典型的明代瓷器，但制作年份是 1692 年。[2] 此外，德累斯顿国家艺术收藏馆的瓷器几乎都是 1694 年后生产的，多数为康熙年制，包括同一时期的其他历史藏品。唯一可行的做法就是把它们都看作康熙年制，除非有特殊理由证

---

1 收藏家们把这种涂层的光泽与蜗牛的足迹相提并论。这种涂层显然是彩釉的助熔剂，没有任何着色的氧化剂。

2 《大英博物馆远东陶瓷指南》，图 87。

插图8

| 康熙中国人物瓷塑一对 |

釉下彩与釉上彩结合

女士高 14 英寸

伦纳德·高收藏品

明它们产于更早时期。

这一点以前已经强调过，但还必须重申，没有什么比一个习以为常的错误更难消除了。而且，釉下五彩瓷对收藏家来说十分重要。另外，釉下五彩瓷价格高昂，即使瓷面上的人物与群体纹饰不像十年前（20世纪20年代）那样昂贵。它们的繁荣是毫无征兆的，衰落也是不可避免的。还有一件事值得注意，那就是对釉下五彩瓷的独特需求导致了大量精美仿制品的出现，仿制品的出现与釉下五彩瓷的兴盛相伴而生，这也在一定程度上导致釉下五彩瓷的衰落。中国人和日本人都是仿制方面的行家里手，对如今的瓷器专家来说，很少有比鉴定釉下五彩瓷更为严峻的挑战了。有些仿制品的颜色足以乱真，有意擦拭可以有效"做旧"，然而人为的"做旧"往往会过度。瓷器的老化和软化只能通过时间来实现，真正的磨损痕迹是难以伪造的。瓷器鉴赏家知道如何寻找这些痕迹，也知道如何把握难以捉摸的品质与风格。然而，当代仿制品很少能达到这种水平，甚至从来没有达到过，但鉴赏家必须小心，不能放松警惕或仓促下定论。

这种装饰的总体效果可以在插图9和插图10至插图17中看到。插图9（正面）的花瓶是按照方形青铜花觚制作的，边缘纹饰设计巧妙，达成了青铜器与瓷器之间的平衡。颈部的"寿"字妥帖自然，但仙鹤和岩石的纹饰与波浪的纹理使之更像瓷器。在康熙时期，瓷器模仿青铜器的设计既不常见，也不像以后时期那么精确。乾隆时期的纯粹仿古派无疑会严格遵守古青铜花觚的装饰——器身凸起处绘兽首，颈部有硬叶，下方绘龙纹。

插图12的合欢杯是青铜器与瓷器的结合，在圆点点缀的绿瓷面上，绘蝴蝶和"寿"字。这些有趣的器物在中国的婚礼仪式上发挥了重要作用，新娘新郎借此宣誓。合欢杯都有象征性的装饰，龙饰绕碗一圈，形成把手，象征多子多孙；"寿"字不言自明；蝴蝶则意味着无限美好的愿望。另一件是插图18的黄地荷花纹合欢杯。插图11的两个茶壶是典型的康熙茶壶，其中一件侧面有精致的镂空开光，这类茶壶有时会用黑地彩装饰；另一件绘有最受欢迎的竹子纹饰。另一种茶壶是釉下五彩瓷中的佼佼者，形状如插图19和插图20所示，是珍稀物件。

如前所述，有许多走兽、禽鸟、人物都通过釉下五彩绘制，而且这种釉下彩不会降低纹饰的清晰度。插图8和插图10

插图9

| 康熙釉下五彩花觚（一对之一）|

高 8.5 英寸

亨利·赫希收藏品（Henry Hirsch Collection）

插图10

图1

图2

| 图1 　康熙釉下五彩瓷 |

一对男女人物，女士手托松鼠

高 9.75 英寸

伦纳德·高收藏品

| 图2 　黄地鹤莲纹碗 |

蓝釉署款"福"字

口径 7.5 英寸

伦纳德·高收藏品

插图11

图1　　　　　　　　　　　图2

| 图1　康熙釉下五彩茶壶 |

六面分别绘松竹梅开光，壶嘴、把手呈兽首形

高 5.75 英寸

伦纳德·高收藏品

| 图2　竹节形茶壶 |

把手形似松树树干，与绘有松枝的壶身连为一体；
壶盖绘梅花，壶嘴有梅花浮雕

高 4.5 英寸

伦纳德·高收藏品

插图12

图1

图2

| 图1　康熙釉下五彩鹦鹉瓷塑 |
高 9 英寸
伦纳德·高收藏品

| 图2　合欢杯 |
龙形把手，绘有象征性纹饰
高 4.5 英寸（不包含底座）
伦纳德·高收藏品

插图13

图1

图2

| 图1 康熙黑地五彩盖罐（一对之一） |
绘假山；彩绘梅花、牡丹与飞鸟
高 8.5 英寸
伦纳德·高收藏品

| 图2 釉下五彩骑士瓷塑 |
高 7 英寸
伦纳德·高收藏品

插图14

| 康熙墨地三彩天圆地方瓶 |

四面开光分别绘牡丹、荷花、菊花与梅花；
颈部绘龙纹圆形开光，肩上绘菱形花纹

底内凹，无釉，无款识

高 19.5 英寸

伦纳德·高收藏品

插图15

图1　　　　　　　　　图2　　　　　　　　　图3

| 图1　康熙釉下彩六方盖罐（一对之一） |

肩上绘模塑叶边，黄地绘假山、木兰、牡丹、梅花、孔雀；颈部环饰硬叶

高 12.25 英寸

伦纳德·高收藏品

| 图2　龙纹梅瓶 |

茄紫地绘四爪巨龙，祥云黄绿相间

高 7.875 英寸

伦纳德·高收藏品

| 图3　象耳瓶（一对之一） |

颈左右各具兽面衔环耳，器身绘叶片形开光，内绘博古图与孩童嬉戏图；颈部绿地绘冰裂纹与梅花图案

伪嘉靖款识

高 9.25 英寸

伦纳德·高收藏品

插图16

| 康熙黄地釉下五彩盖罐 |

绘岩石、雉鸡、梅花、牡丹、竹子、菖蒲、灵芝

高 14.5 英寸

伦纳德 · 高收藏品

插图17

图1

图2

| 图1　康熙釉下五彩瓷狮一对 |

一只持绣球，另一只携幼崽，方形底座绘冰裂纹、梅花与开花植物开光

高 17.5 英寸

伦纳德·高收藏品

| 图2　六方釉上彩棒槌瓶 |

锦地开光内绘传奇故事与铭文

高 20.5 英寸

伦纳德·高收藏品

插图18

图1

图2

| 图1　康熙釉下五彩瓷鹅 |

鹅身绘黑彩、绿彩、黄彩、茄紫彩等

高 9.25 英寸

亨利·赫希收藏品

| 图2　合欢杯 |

龙把，绘荷叶与开花的莲蓬

黄地

口径 5.25 英寸

尊敬的沃尔特·利维女士收藏品（Hon. Mrs. Walter Levy Collection）

插图19

图 1

图 2

| 图 1　康熙釉下五彩酒杯 |

　　杯身绘兽首与龙

　　口径 3.5 英寸

　　尊敬的沃尔特·利维女士收藏品

| 图 2　黑地彩绘茶壶 |

　　开光内绘鱼与水草；黑地绘菱形竹叶纹

　　高 5.75 英寸

　　尊敬的沃尔特·利维女士收藏品

插图20

图1

图2

| 图1 康熙釉下五彩茶壶 |

黄地与茄紫地上绘荷花白鹤，雉鸡站于石上等

高6英寸

尊敬的沃尔特·利维女士收藏品

| 图2 笔盒 |

四周有镂空设计

长约6.3英寸

雷金纳德·科里收藏品（Reginald Cory Collection）

所示的伦纳德·高收藏品中的两对人物瓷塑就是非常好的例子，它们别具魅力，是典型的中国人形象，姿势简单自然，穿着入流。这两件作品的造型都很好，其中较小的一对（插图10）造型相当不错，姿态活泼，感染力强。这位女士左手托着一只类似松鼠的小动物，就像所谓的"老鼠和藤蔓"纹饰中出现的那样，面部泛青白色，她的嘴唇和男士的帽子都上了一层红彩。另外一对人物瓷塑（插图8）需要注意的是蓝色与红色的彩釉有特别的釉垫[1]；男人的辫子似乎表明，在这些人物被塑造的时代，清朝统治者强迫的留辫行为已经不再受人谴责了。

康熙瓷器上的人物形象并不都像这些人物瓷塑一样有吸引力。康熙瓷器塑造的大多都是宗教形象，现在已经成为刻板印象了。当然，这一时期也有精心塑造的神像和半神像，但其中很多都是怪诞不经的，缺乏明代塑像的力量和自然。这一时期的动物之所以引人注目，不是因为逼真，而是因为具有某种怪诞的幽默。与唐代瓷匠的作品相比，康熙时期的瓷马略显呆笨，甚至像插图13中的黑马和绿袍骑手这样罕见的瓷器，都是因着色而非造型而闻名于世的。佛教的守护神石狮属于另一类。石狮是人想象出来的，其形象有种幽默的凶猛。插图17是一对精美的石狮，雄狮捧着惯用的绣球，雌狮带着一只幼狮。这对石狮是釉下五彩的佳作。小型石狮是为家庭祭祀制作的，它们装有香烛管。

这一类瓷器中最讨人喜欢的是鸟类瓷塑，如插图12的一对鹦鹉，它们的羽毛是用美丽均匀的彩料渲染的。插图18的鹅和插图21的黑羽鸟是其他造型的优秀范例，在罕见的黑地彩的衬托下明亮耀眼。

其他有趣的例子是插图20的笔盒和插图22的灯笼和方形笔筒，它们也体现了对镂空的巧妙处理。笔筒上"文章山斗"[2]四个字嵌在四面（构图像山丘和大熊座一样宏大），每面各一个字，对于放置学者和书法家工具的专用器具来说，这样的铭文再合适不过了。

釉下彩在一众华丽的黑地、黄地、绿地彩瓷中的发展达到了顶峰。收藏家们喜

---

1 原文为"pads of glaze"，直译为釉垫。——译者注

2 "文章山斗"谓文章为人所宗仰，参见《新唐书·韩愈传》："自愈之没，其言大行，学者仰之如泰山北斗云。"——译者注

插图21

图 1

图 2

| 图1　康熙奎星点斗彩瓷 |
奎星背负石板，独占鳌头
高 5.125 英寸
W. J. 霍尔特收藏品（W. J. Holt Collection）

| 图2　兽形香炉 |
仿汉青铜器型；兽身施绿釉，兽首施黄釉，细节处施茄紫釉
高 6 英寸
安东尼·洛希尔收藏品

图3　　　　　　　　　图4

| 图3　仙人钟离权彩瓷塑 |

　　衣袍施黄釉，底座施茄紫釉
　　高 9.75 英寸
　　安东尼·洛希尔收藏品

| 图4　釉下彩瓷鸟 |

　　主要施黑釉
　　高 5.25 英寸
　　尊敬的沃尔特·利维女士收藏品

插图22

图1　　　　　　　　　　图2

| 图1　康熙釉下五彩方形笔筒 |

四周镂空，写有"文章山斗"四字

高5英寸

尊敬的沃尔特·利维女士收藏品

| 图2　灯笼 |

表面镂空；绘锦地花纹与菱形图案

高7.25英寸

尤摩弗帕勒斯收藏品（Eumorfopoulos Collection）

插图23

图 1 图 2

| 图1　康熙釉下五彩瓷塑 |
一位坐食鸦片的清朝官吏；以黑彩和其他颜色彩绘而成；茄紫釉石座
高 6.875 英寸
亨利·赫希收藏品

| 图2　房船形镇纸 |
高 3.5 英寸
尊敬的沃尔特·利维女士收藏品

欢把这些瓷器分成几个子系列，如黑地彩瓷和黄地彩瓷等，但其中只有黑地彩瓷系列规模足够大，值得单独处理；黄地彩瓷系列规模很小。如果收藏家拥有足够多的绿地花瓶来共同组成一个系列，那将是十分幸运的。当然，我们一时也不认为黑地彩瓷是很常见的，相反，要找到好的样品非常困难，而且供需不平衡，成本很高。

黑地彩瓷的特点正如其名，是前文所述的墨绿色珐琅彩，墨绿色由透明绿色洗过的棕黑颜料制成。绿釉大都具有微弱的光泽，特别是年代久远的绿釉瓷，乌黑中闪着淡绿。很难想象，还有什么能比绿、黄、茄紫、白的花卉纹饰更为绚丽。黑地五彩花瓶的形状与其纹饰极为相称。无论是天球形、筒形、花觚形、棒槌形，还是方形、盖罐或其他形状的瓷器，它们都极具康熙上好瓷器的优点，别具形之真，线之雅。纹饰常为花卉、植物、龙等，偶尔也有人物与风景。但最具魅力且最受欢迎的当数插图 25，以绽放的梅花为中心纹饰，茄紫树干、绿叶、白花，不时以红色点缀着花瓣。梅树根处有座颜色深浅不一的绿色假山，周围生长着竹子和野草；羽毛鲜艳的鸟儿在树枝上盘旋，也许树下还有一对兔子，使画面更加完整。黄色用得很少，但在鸟儿身上稍加点缀，就能给色彩搭配增添亮点。方形花瓶上绘有四季花卉，分布于四面——牡丹代表春天，荷花代表夏天，菊花代表秋天，梅花代表冬天，通常还绘有假山、禽鸟与昆虫（插图 14）。在大盖罐或大瓷花瓶上，展示着优雅地立于石块上的雉鸡或凤凰，栖息于牡丹或绣球花之间，引人入胜。

黑地五彩瓷系列不仅包括花瓶和大型瓷器，还有小型瓷器，如碟、碗、壶、茶器、酒杯，以及无数其他用具与装饰品，甚至可以囊括一切准备出口欧洲的精选圆形茶杯、茶托、茶壶。

黑地五彩瓷系列有大量插图。伦纳德·高收藏品中有一件精美的花瓶，中国人称之为"凤尾尊"，纹饰是人们司空见惯但永不过时的梅花、假山、禽鸟。这一优美主题的画法令人赞叹不已：树干扭曲，却优雅地生长着，花朵虽被精心渲染，却依旧轻盈地点缀着。伦纳德·高收藏品中也有一件主题相同、渲染同样精细的方形棒槌瓶；阿姆斯特丹国家博物馆德鲁克收藏品（Drucker Collection）中也有一对相似的花瓶，因罕见的红梅和巧妙的穿插设计而闻名，树枝从一个花瓶上垂下来，又落到另一个花瓶上。插图 14 展示

插图24

 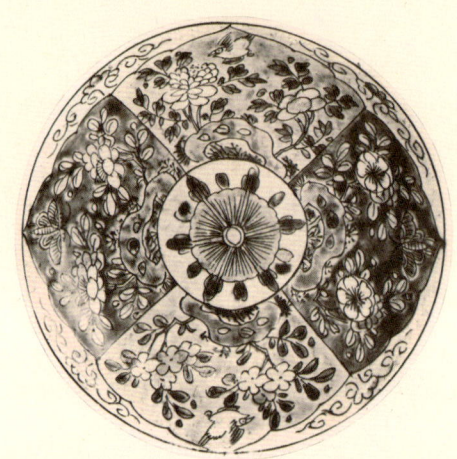

| 釉下五彩杯、碟 |

杯外壁施黑釉，碟蓝彩绘灵芝款识

碟直径 5.5 英寸

尊敬的沃尔特·利维女士收藏品

插图25

| 康熙方形黑地五彩棒槌瓶一对 |

绘飞鸟与梅花图案,其中一件瓶身图案树枝向上,
另一件瓶身图案树枝向下;红色花朵

款识为叶子

高19英寸

J.C.J.德鲁克收藏品

了四面方形花瓶是如何分布四季花卉的：瓶颈散布着菱形花纹，有象征吉祥的"如意"装饰与龙纹。插图13的精美盖罐是伦纳德·高先生的一对盖罐藏品之一。

我们可以看到，在必须大面积着黑色颜料的瓷器上，不宜出现过于坚实的块状物。但在艺术上反其道而行，往往别具一格，使这种瓷器变成充满艺术色彩与生命力的作品。这种作品正如插图14的精美花瓶所示，然而图片无法展示出黑地五彩瓷的完美效果。

黑地五彩瓷在康熙之后依然被使用，但在风格和用料上都经历了变化。典型的乾隆黑地五彩瓷上布满紧密的绿色花纹与用粉彩绘制的织锦纹饰，绿色已不像康熙瓷器那样经常大面积使用。我们还注意到，在康熙末年的黑地五彩瓷中，彩料实际上是与珐琅料混合在一起的，由此色彩更加牢固，后来的黑地五彩瓷则是将黑彩与近乎透明的"白色"釉下彩结合经水洗而成。但我们会再次提到康熙之后的黑地五彩瓷。坦白说，那些都是康熙黑地五彩瓷的仿制品，其中一些颜色还能勉强重现，但它们的黑色颜料总是黏稠的，闪着不自然的光泽，与历经年岁而产生的虹彩完全不同。除所用的彩料外，即使是最优秀的仿制品，也无法还原古旧瓷器的样式与风格，器物底部恰好证明了这一点，它们骗不了任何人。但还有其他仿制品，全然是另一种风格，设计巧妙，值得我们换一种说法评判。它们的底部不会出卖瓷匠，而是与之契合，是真正的康熙瓷器的底部。也许新的瓷胎已经在这瓷底之上制成了，或者劣质旧花瓶已经"脱胎换骨"，被施以更为昂贵的颜料了。[1]

给这些作品重制纹饰的匠人技艺精湛，为重现康熙瓷器的外观，人们不遗余力。因此，在"鉴别真伪"的过程中，瓷器爱好者很容易被这类瓷器误导，细致敏感的人会察觉出绘画中的弱点与僵硬之处，瓷器的颜色与重新烧制之后底座衔接的痕迹会十分可疑，因为没有一个仿制品能真正把握康熙瓷器真品的自如之感。若这件作品经历了刻意重新上釉的过程，除了底座上因重新烧制而发生的变色和产生的黑色斑点，仔细检查一定会发现拉坯的痕迹或赝品的迹象。这些欺骗性的操作给收藏带来了风险，但如果没有这些骗局，收藏无疑会失去很多乐趣。

---

[1] 在中国和法国巴黎，都有技艺精湛的瓷工来替换花瓶断裂的颈部、肩部，甚至更大的部分。他们用其他瓷器替换缺失的部分，连接处都被釉料巧妙地掩盖了。收藏家将格外留意这些经过修复的作品。

黄地五彩瓷与上文中对黑地五彩瓷的描述几乎完全相同，二者仅有一个明显区别，那就是黄色瓷面取代了黑色瓷面。除此之外，这两种瓷器的制作技术相同，外形与纹饰也一样，制作黑地五彩瓷仿制品的人们也正忙着制作黄地彩瓷的仿制品。尽管在多数藏品中都能看到小型黄地五彩瓷，但大型黄地五彩花瓶相较于黑地五彩瓷更为稀有。伦敦人十分幸运，能够在维多利亚和阿尔伯特博物馆的素廷收藏品中看到珍贵样品，大英博物馆也有至少一件黄地五彩瓷。阳光港收藏品中有大量黑地五彩瓷，也有一两件上好的黄地五彩瓷。上述瓷器的黄色差异很大。大英博物馆的黄地五彩瓷呈土褐色，其他瓷器则呈明澈的浅黄色。毫无疑问，后者最为理想，但很少能够烧制成功，一般情况下，都会或多或少存在暗褐色花纹。

我们很幸运能够提供伦纳德·高收藏品中的一些出色样品。插图 16 美丽的瓷瓶上，斑驳的黄地没有任何不妥之处，瓶身绘有经典的假山与雉鸡，周围布满花草树木。这种纹饰可能起源于宋代[1]，深受康熙时期瓷匠们的喜爱，经常出现在康熙青花瓷与五彩瓷上。插图 15 的六方盖罐与插图 16 纹饰相似，黄地清晰，明显属于五件套中的一个。同样的纹饰在几套黑地彩花瓶与饮器上也有所体现。插图 10 的黄地纹碗色彩均衡，绘有优美的仙鹤与荷花纹饰。

如果我们把上述黄地换成绿地，就会出现第三种罕见的绿地彩瓷系列。大型绿地彩花瓶极为罕见，我们很快就可以列出已知的绿地彩花瓶的完整清单。

绿地彩的小型器物，如碗等餐具更为常见，但依旧很难获得。各种绿地彩深浅不一，有深叶绿、瓜皮绿、淡苹果绿与祖母绿，其中祖母绿底色相当漂亮。大英博物馆中的弗兰克斯收藏品收集了最著名的绿地五彩瓷，斑驳的深叶绿地上以可爱的梅花点缀。[2] 素廷收藏品中也有一些值得关注的作品，其中大部分已经有出版物说明了。[3]

茄紫釉瓷尚未被单独分类，但这种绚丽的颜色偶尔也用做小型花瓶或饰品的背景。在安东尼·德·罗斯柴尔德收藏品

---

1 许多画作运用上述纹饰，其中有一幅是大英博物馆收藏的明代画家王昱的画作。

2 参见霍布森，《中国陶瓷》（Chinese Pottery and Porcelain），插图 96。

3 参见格勒与布莱克（Gorer & Blacker），《中国瓷器与玉石》（Chinese Porcelain and Hard Stones），插图 27、28、36、40。

（Anthony de Rothschild Collection）中就有一对精美的茄紫釉碗，我们也能够以伦纳德·高收藏的一个珍稀茄紫釉花瓶为例，茄紫釉面绘巨型龙纹（插图15）。插图15中的另一件花瓶巧妙地绘有黄地叶状开光，瓶肩分布着绿色网状格纹，也就是冰裂纹。绿色冰裂纹有时可有效用作瓷面装饰背景，如尤摩弗帕勒斯收藏品中的一个深碗，上面有奇怪的字母G形款识。

第四章 釉上五彩瓷

第二类，也是更大的一类五彩瓷，是釉上五彩瓷。其釉色与釉下五彩瓷相同，但不同的工艺导致两者的外观有明显差别。在明亮的白釉的衬托下，釉上彩更加清晰明亮，美丽的蓝紫色与珊瑚红更适合这种载体。纹饰也不再需要完全覆盖瓷面，画师可以在足够大的白地上自由地绘出协调的纹饰，发挥空间无疑更广了。施彩方法与绘制青花类似，先用红色或褐色描绘出纹饰的轮廓，再用画笔将颜色晕染开。釉上五彩瓷与釉下五彩瓷的造型也基本相同，纹饰也属于同一类型，只不过釉上五彩瓷更多使用花鸟纹饰和某些更适合彩色装饰的织锦纹饰。

殷弘绪告诉我们，施于彩瓷的釉中使用的软化元素（石灰与蕨灰）较少，比施于青花瓷的釉硬度更大、不透明度更高，所以收藏家经常会注意到，一些釉上五彩瓷的釉色会呈现出特殊的暖色调和淡黄色。鉴于在彩烧窑炉里进行第二次烧制容易损伤软釉，所以精细的青花很少与釉上彩结合。中国人从未抛弃明代就有的将彩釉与青花结合的方法，但康熙时期的高级釉上五彩瓷很少使用这种方法，因为那时蓝色已经可以由蓝紫色颜料充分提供，再也不需要用这种古老的方法了。

阅读当代人对几近神化的事物的批判总是很有趣的，比如殷弘绪对刚出窑的釉上五彩瓷的评论，他在1712年写道："瓷器上的山水画几乎混合了各种颜色，而且都用描金点缀。"除非能够高价卖出，否则他不会认可它们的美丽。他说这种普通器物无法与青花瓷媲美，"有时纹饰是特意留到第二次入窑时才烧制的；但有些瓷器进行第二次烧制只是为了掩盖瓷器的缺陷，给有缺陷的地方上色。这种瓷器色彩繁复，并不符合多数人的口味。一般来说，无论是因为工人笨拙，还是出于光影的迫切需要，或者是为了掩盖器物本身缺陷而有意为之，人们都可以感觉到器物表面的凹凸不平。"

多数人会赞同这种批评。我们有时会觉得，某些瓷器的颜色除了掩盖瑕疵，再无其他意义，特别是部分出口的五彩瓷，它们绘有大量杂乱多余的纹饰。只有颜色明快鲜艳的瓷器才能使房间增色。即使凹凸不平的瓷器表面令这位可敬的教父不悦，也没有收藏家会承认这些瓷器本身是有缺陷的，就算他们经常受其美中不足的影响。其实，繁复的色彩并不像殷弘绪所认为的那样是因为工人笨拙或是为了掩盖缺陷。实际上是因为着色彩釉无法与高

第四章
釉上五彩瓷

温釉接合，它们所含色素比例极小，要想加深颜色，就须厚重施彩，"堆叠"一词是明代时对大量使用这些釉料的表述，也正因此，它们常常像镶嵌在器物上的珠宝一样突出。这种做法会使器物更加漂亮闪耀，但若恣意使用，优质的彩釉必然会受到损坏，在某些情况下，彩釉甚至会脱落；在其他情况下，彩釉仅仅会因磨损而变暗淡。

如果在1712年，精美的彩瓷只能以高价买到，我们很想知道殷弘绪会如何看待今天（20世纪上半叶）的市场。即使是品质普通的釉上五彩瓷也很难找到，更何况价格高昂，远高于同等品质的青花瓷。而更为精美的釉上五彩瓷，虽然价格比不上同等品质的釉下五彩瓷，但也价格不菲。

五彩瓷出现的年代并不精确，但可以在不同瓷器中追溯出一定的时间顺序。在清代早期用于内销的瓷器中，我们可以看到某种纹饰和色彩敦厚的瓷器，接近明代风格。它们以厚重的涂层施彩釉，深绿色居多，蓝紫色不太突出，也甚少用描金装饰。这一时期外销的瓷器则可以借助桌湾瓷中的青花瓷来甄别，它们同样易碎、样式丰富，用花瓣状的凹陷纹饰分隔，有叶状浅浮雕和相应的凹陷。凹陷处的中心绘有麒麟和凤凰、优雅的女士或美丽的风景，四周环绕着花卉。

从1680年的文艺复兴以来，五彩瓷达到了第二个鼎盛阶段。在这一时期，我们能够看到华丽的锦地镶边花瓶与餐具，以及所有最为奢华昂贵的瓷器。大部分德累斯顿收藏品（Dresden Collection）就是这一时期由奥古斯特二世（Augustus the Strong）收集的，这些收藏品至今仍是世界上研究康熙瓷器的最佳样品。标有年代的瓷器确实极为罕见，但希普斯理收藏品（Hippisley Collection）中，有件瓷器的干支纪年标注与1703年相对应。[1]这是一件方形棒槌瓶，绘有精致的山水画，显然是品质最好的五彩瓷。

插图26至插图32展示了发展鼎盛时期的五彩瓷。插图31的喜鹊登梅纹碗，内壁绘"鲤鱼跃龙门"，其意义在后文中有所阐释。插图30的第三件方形花瓶，四面绘文人四艺（琴棋书画），颈部绘"寿"字。插图27是一对精美的凤尾尊，一件是"刀马人"，绘图可能取自《水浒传》（宋徽宗时期的绿林好汉故事）；另一

---

1 参见霍布森，《中国陶瓷》，插图104。

插图26

| 康熙釉上五彩锦地开光棒槌瓶（一对之一） |

开光内绘岩石、花草、凤凰、海兽、觅食的虎、江河湖海、
松树、仙鹤与博古图；颈部绘山水、花草与昆虫；
器底绘蓝色无字双圈

高 29 英寸

R. T. 伍德曼收藏品

插图27

| 康熙釉上五彩文武凤尾尊一对 |

高 30 英寸

伦纳德·高收藏品

插图28

| 康熙釉上五彩盖罐一对 |

绿色锦地开光内绘山水、花卉、博古图与鸟兽

高 21.75 英寸

伦纳德·高收藏品

| 康熙釉上五彩荷花节盘 |
直径 20.625 英寸
伦纳德·高收藏品

插图30

图1　　　　　　　　　图2　　　　　　　　　图3

| 图1　康熙釉上五彩方形棒槌瓶 |
锦地开光内绘山水、花草与符号
高 18.5 英寸
伦纳德·高收藏品

| 图2　圆形棒槌瓶 |
纹饰与图1相似
高 18.75 英寸
伦纳德·高收藏品

| 图3　方形棒槌瓶 |
绘四艺
高 19 英寸
伦纳德·高收藏品

插图31

| 康熙釉上五彩碗 |
外壁绘假山、梅花、栖鸟等，内壁锦边中绘"鲤鱼跃龙门"

口径 13.5 英寸

伦纳德·高收藏品

插图32

图 1

| 图1 康熙釉上五彩深盖碗两只 |

锦地开光内绘纹饰

高 8.5 英寸

伦纳德·高收藏品

图 2

| 图 2　瓷瓶 |
瓶身绘宫廷场景
高 17.25 英寸
伦纳德·高收藏品

件描绘了民间盛世景象。这两件瓷器分别是"武瓶"（军事花瓶）与"文瓶"（民间花瓶）。插图29中亮丽的瓷盘，描绘了荷花节时侍女在宫中采荷的景象，兼具构图巧思与优美色彩。

在黑白插图中，插图33和插图34展示了两件令人赏心悦目的花瓶。其中一件来自罗斯柴尔德陶瓷收藏品，此瓶敞口、束颈、圆腹，色彩间隔有致，与以往的花瓶不同，其底座与瓶身相连，均为瓷制。另一件棒槌瓶来自雷金纳德·科里收藏品，用五彩釉的精美色彩绘制，表明其为康熙晚期制作。这两件花瓶代表了两种典型的五彩瓷纹饰，突出的鸟与侍女引人注目。德累斯顿收藏品中也有这两种类型的优质样品。插图35是加斯帕德·法勒收藏品（Gaspard Farrer Collection）中的大瓷盘，由女士和孩子呈现出的家族场景被描绘得妙趣横生，不仅做工精美，还有许多有趣的细节：缸里游鱼成群、鹦鹉在竹笼上摇摆，女人们似乎并不反感西方人眼中寓意不祥的蜘蛛网的存在，反而将其视为吉兆。插图36的执壶和插图37的瓷瓶与酒杯，釉质如宝石般出众，属于高品质的外销瓷器。上述瓷器样品中，高质量的绘画和着色与白地相得益彰。

其他瓷器样品都是"织锦"型的，丰富的绵地纹配以绘有纹饰的开光。插图26是伍德曼收藏品（R. T. Woodman Collection）中的一对华丽的棒槌瓶之一，展示了这类瓷器的最佳品质。釉质洁净莹润，各个开光上精心绘制各种主题的纹饰——走兽、禽鸟、假山、花卉等，精美的绿黄锦纹衬托其间，颇为奢华。观音瓶也不逊色，开光的大小也是装饰的一大特色。在插图30的方形棒槌瓶和圆形棒槌瓶上，锦地纹占了较大部分，开光虽数量多，但面积小，巧妙设计成了扇、叶、桃、石榴等形状。锦地纹通常呈淡绿色，上面布满圆点或小圆圈，因此也被称为蛙卵纹或鱼卵纹，锦地纹上通常绘有花朵和蝴蝶这类小纹饰，但有时也如插图1那样，绘有花瓶与博古图中的符号。插图28的一对精美盖罐也是以同样的风格绘制，其华丽的蓝紫彩釉引人注目。插图28的盖罐中央的大花篮是中国画师最喜爱的纹饰，也出现在众多五彩瓷盘上。盖子上的球形钮和边沿用了些许青花。插图32的一对盖碗上还能看到其他锦纹，绘有缠枝牡丹与飞舞的凤凰，也可参见插图36的精致花盆和插图37的瓷盘。插图37的瓷盘绘有绿水与浪尖，点缀着海马、鱼、浪

插图33

| 康熙五彩细长卵形瓶 |

束颈,底座有拼接;绘假山、红梅与体形硕大的鸣鸟;
肩饰锦文;底座施茄紫釉,带纹理

高 11.625 英寸

安东尼·洛希尔收藏品

插图34

| 康熙五彩棒槌瓶 |

绘制精细,瓷身绘花园场景,两位抚琴仕女,孩童手托鹦鹉;边纹绘硬叶、如意与其他纹饰

款识为无字蓝色双圈

高 14.75 英寸

雷金纳德·科里收藏品

插图35

| 康熙五彩盘 |

绘有家庭场景中的仕女和孩童。有人观鱼,有人持满瓶插花,
还有人托起婴孩翘看鹦鹉,另有孩童探看蛛网

口沿饰菱形花纹,间绘古龙开光

款识为"制"字,外围双圈

直径 21.75 英寸

加斯帕德·法勒收藏品

插图36

图1　　　　　　　　　　　图2

| 图1　康熙五彩执壶 |

绘桃形开光，内绘梅枝飞鸟；另有叶状开光，
内绘牡丹；空白处绘蝴蝶

高8.5英寸

R. T. 伍德曼收藏品

| 图2　四叶草形花盆 |

外壁施五彩，字符卍和六边形纹饰布满瓷地，
绘假山、花卉开光；内壁绘釉下彩

直径11英寸

尊敬的沃尔特·利维女士收藏品

插图37

| 图1　康熙五彩瓶 |
绘假山、花木、菊花等,饰织锦边纹,颈部绘梅花
标有字母G形款识
高9.5英寸
加斯帕德·法勒收藏品

| 图2　五彩酒杯 |
形似欧洲玻璃杯,绘花木与鹅;织锦边纹
高5.25英寸
W. J. 霍尔特收藏品

| 图3　五彩盘 |
绘绿水、波峰、海马、游鱼、漂浮物与梅花;底足凹陷
款识为蓝彩绘叶片
直径15.625英寸
W. J. 霍尔特收藏品

里拍花，梅花永远都是明代瓷器的代表性纹饰，因为它们不时会出现在晚明的瓷器上。后来典型的康熙瓷器上也有了这种纹饰，再加上叶纹与宽槽圈足，这些都成为康熙时期的特色。

一小批开光锦地瓷器以珊瑚红为地，保留了缠枝牡丹，有红地白花，也有白地绿花。插图 38 展示了一对细颈瓶型花瓶与一件带盖莱菔尊，腹部绘有带花卉的开光，博古图周围是珊瑚红锦地；还有一对筒形盖罐，珊瑚红地绘有玫瑰和标签纹饰。红色的菱形图案有时会覆盖整个花瓶表面，但如此大规模使用红色过于耀眼，通常会用绿色锦地条纹或垂饰缓解，如本书插图所示。

最后，在五彩瓷发展的第三个阶段，也就是康熙末年，我们发现这一时期对五彩的处理方式颇为细腻，与早期生硬的处理方式截然不同。绘画十分精细，色彩细腻精致，如机械般严谨。它具有粉彩瓷的风格，但纹饰仅呈现在澄澈的绿瓷上，这类成品相当优雅，虽然略显柔弱。这类典型瓷盘有著名的祝寿盘（插图 39 和插图 40），由精美的薄胎瓷制成，中间的花卉图案优美动人，周围绘有皇家祝寿词。据说，这些瓷器是 1713 年皇帝六十大寿时烧制的，瓷盘上生动的故事源自传统陶瓷装饰图案，其他祝寿的瓷器也做得同样精美。更有可能的是，这种类型的器物（后面将介绍其他的器物）是康熙瓷器的极致，一直延续到雍正，甚至到乾隆时期（插图 41）。同样的绘画风格可以在后来一些混合彩釉的精致瓷器上看到。

插图 39 是罗斯柴尔德收藏品中的一对珍稀薄胎瓷罐，若从色泽的细腻程度来看，应是康熙末年烧制的。但是我们很难想象，薄如纸张的瓷器竟可以用厚重的釉料装饰。哈维·哈登先生（Mr. Harvey Hadden）收藏的瓷盘（插图 42，图 2）与祝寿盘外形相同，烧制同样精美，也标有康熙年号，但纹饰是用更大的画笔勾勒的。荷花绽放，荷叶宽阔，花朵饱满，釉料光滑，渲染出流畅亮丽的效果，这显然出自绘制了德累斯顿收藏品中最精美的器物纹饰的画师之手。[1]

利维收藏品（Levy Collection）中的精美扁壶（插图 40，图 1）也是康熙末年瓷器。它制作精细，两只龙耳极具灵性，双面的团花图案都用微缩画法绘制，和祝寿盘一样，用精致颜料绘成，一面绘山水与

---

[1] 参见齐默尔曼（Zimmermann），《中国瓷器》（*Chinesisches Porzellan*），插图 108。

插图38

图 1

| 图 1　康熙釉上五彩瓶型花瓶一对 |

珊瑚红锦地，开光内绘花卉与博古图

高 11.25 英寸

伦纳德·高收藏品

图 2

| 图 2　五彩盖罐 |
纹饰与图 1 相似
高 10.5 英寸
伦纳德·高收藏品

插图39

图1

| 图1　康熙薄胎五彩瓷罐一对 |

其中一件绘孔子与老子会面场景，
另一件绘凤凰及身穿凤袍的皇后；
瓷边绘锦纹

高 8.5 英寸

安东尼·洛希尔收藏品

图 2

| 图2 五彩祝寿盘 |

绘桃枝栖鸟；口沿红彩书铭文"万寿无疆"

蓝彩绘康熙款识

直径 5.75 英寸

雷金纳德·科里收藏品

插图40

图1

图2

| 图1　康熙五彩花鸟海兽纹扁壶 |

左右各有龙耳；圆形开光内绘山水、神兽、鹿、鸟、灵芝等；边缘用绿点点缀，间绘花卉

高6.5英寸

尊敬的沃尔特·利维女士收藏品（原为马奎斯收藏品）

| 图2　五彩祝寿盘 |

绘道教人物，手持寿桃、灵芝，旁有鹿拉轮车，都象征长寿；口沿红彩书铭文"万寿无疆"

蓝彩绘康熙款识

直径9.5英寸

A.T.沃尔上校收藏品

插图41

图 1　　　　　　　　　　　　图 2

| **图 1　精美茶壶** |

边缘仿照块滑石瓷绘褐色；以古月轩风格绘岩石、梅花等，书写两行诗句并附三个印章

蓝彩书乾隆款识

直径（包括壶嘴与把手）7英寸

查尔斯·罗素收藏品

| **图 2　五彩浅碗** |

绘东方朔携桃枝；口沿绘红蝙蝠

乾隆款识

直径 6 英寸

哈维·哈登收藏品（F. N. Schiller Collection）

插图42

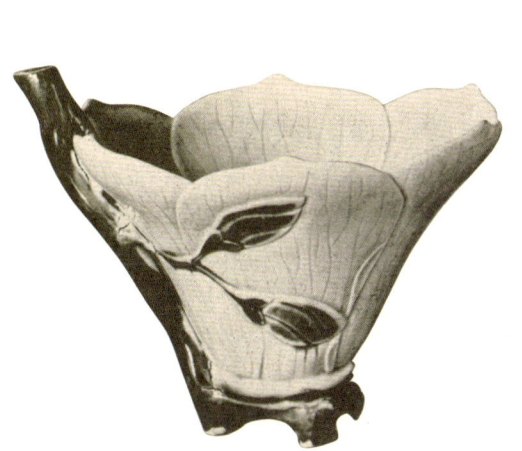

图 1

图 2

| 图1　康熙木兰花形吸杯 |

茎构成滴口；经彩绘而成，花瓣施白绿釉，
茎等部位施茄紫釉，紫中闪黄

高 3.25 英寸

A. T. 沃尔上校收藏品

| 图2　五彩瓷盘 |

绘大叶荷花，伴有飞鸟，口沿绘锦纹

蓝彩书康熙款识

直径 10 英寸

哈维·哈登收藏品

海兽，另一面绘一对鹿、一对鸟与灵芝。瓷器边缘绘锦地纹，淡苹果绿地上分布着小圆点。

然而，就像康熙青花瓷一样，五彩瓷已经走完了它所有的辉煌历程，在粉彩瓷日益流行之前，五彩瓷已经退居其后。但五彩瓷从未被完全抛弃，我们偶尔也能在康熙之后的一个世纪里看到颜色与形状都与五彩瓷相仿的瓷器。然而，时尚特征的变化在康熙末年的器物上体现得极为明显。玫瑰色（起初是暗粉紫色）出现于18世纪20年代，随后便出现了一些不透明的颜料，经过长期谨慎试探才终成定势，比如有一种对粉彩颜料调色很重要的颜色，似乎早在1712年就已经被景德镇瓷匠熟知。[1] 这就是玻璃白，这种不透明的颜料用在青白色瓷地非常有效。但从五彩瓷真正过渡到粉彩瓷却是在雍正时期，我们将在后文中详谈粉彩瓷的发展。

在探究工艺多样性的过程中，康熙时期的瓷匠们尝试在除白色之外的其他颜色瓷地上绘五彩，例如大英博物馆的绿釉瓷碗，这种特殊的绿釉将在后面进行讨论。但是，如果这种绿釉是由于红色釉料烧坏而意外产生的，正如人们猜测的那样，我们就可以明白，这里的彩釉是用来掩盖缺陷的。由此，我们也可以怀疑，一些本该呈现出五彩的瓷器被烧制成浅灰蓝色，也是出于同样的意图。但也有一些作品确实看不出有这样不可告人的动机，这样一来我们就必须承认这是珍品原本的装饰，就算我们认为它并不成功。明亮的浅灰蓝色并不适合做透明珐琅的瓷地，事实上，透明珐琅彩完全被它遮住了。浅灰色的裂纹和浅色的"南京黄釉"更经得起考验，但就釉质的价值而言，它们无法与白釉相比。

如前所述，明末"五色瓷"的传统并没有完全被抛弃，我们仍然可以看到五彩与青花相结合的做法。这种做法的缺陷在于，很难在彩烧窑炉内重新烧制瓷器而不影响蓝彩，因此，我们很少看到瓷匠用最优质的蓝彩在这类器物上冒险。殷弘绪警告我们，有缺陷的青花有时会用彩绘纹饰掩盖，但这些应该很容易识破，因为青花图案本身是完整的，彩绘纹饰显然是后上的。在真正的"五色瓷"中，蓝色只是彩绘的一部分，这一点在少数未完成的作品中可以看出，这些意外留存下来的作品给我们启发。花朵纹饰用蓝色微微勾勒，部

---

[1] 这是由殷弘绪描述的。参见卜士礼，《东方陶瓷艺术》，第194页。

第四章
釉上五彩瓷

分已用蓝色填充，剩余部分显然还在等待施彩。这类器物上的纹饰多为明代风格，但也有一大批有趣的器物是用这种绘制方法体现另一种纹饰，这就是中国的"伊万里"（Imari）。

为了解释这种兼具两国风格的瓷器，我们必须稍微离题。日本经过重重努力，在17世纪成功制造出了较好的瓷器。人们在佐贺县有田町找到了合适的材料。1662年，荷兰人获准在日本出岛（Deshima）建立聚居地，他们在长崎县的集市发现了一种当地出产的瓷器，有望在欧洲获利。这是一种精美的白瓷，施以淡蓝色、绿色、黄色、柔和的印度红色，朴素却颇有品位，这种瓷器至今仍以其著名创始人的名字命名——柿右卫门瓷器（Kakiemon）。

这种瓷器在欧洲取得了相当大的成功，我们发现在18世纪的图录中经常以"古日本瓷器"和"初代色彩"描述它。此外，它还被欧洲的瓷匠和瓷器制造商轻易地仿制。但荷兰商人完全不认可其朴素内敛的设计，据说有位荷兰商人向日本人建议，以锦地纹为地，设计一种风格更为复杂的瓷器。总而言之，另一种瓷器即将问世，并将被大量运往欧洲，且会在西方世界享有在日本前所未有的知名度。这种瓷器就是古伊万里瓷（伊万里是有田町的港口），这是一种相当粗糙的灰色瓷器，饰以大量深色、有杂质的青花，并辅以红色、金色和珐琅彩。这些瓷器的纹饰大都是不规则、相当混乱的，织锦纹饰包围着不对称的开光，绘有人物、凤凰、狮子、素描山水画或花篮，兼具中日风格。尽管这种由深蓝色、红色、金色彩绘的瓷器奢华且粗糙，但它具有相当大的装饰价值，而且根据德累斯顿国家艺术收藏馆和其他古老收藏品，我们得知这种瓷器已销往欧洲。虽然日本人不喜欢粗糙的外销瓷器，但他们还是在相似方法的基础上改良了设计方案，其中以皇家器物为主，直到今天（20世纪20年代），他们似乎还在制造这种器物。

由于欧洲对这种日本瓷器的需求量极大，景德镇不得不通过模仿对手的作品来应对竞争。柿右卫门瓷和古伊万里瓷都被中国人模仿得惟妙惟肖，现在，我们也经常看到中国的"伊万里瓷"被当作日本货出售。然而，瓷器鉴赏家会发现两者的差异。中国的瓷器更薄、更易碎，淡绿色釉面光润滑嫩，圈足边缘略呈褐色。日本的瓷器釉面呈白色或灰色，更重，常更粗糙，釉面呈"薄纱"质地（表面有大量微小气泡），盘和碟通常会有窑中放置容器的支钉留下的一些痕迹。中国瓷器的青花更清亮纯净，即使不是品质最佳的青花，也大大优于色彩暗沉的日本瓷器：日本瓷器的柔和的印度红和厚重的封蜡红很容易与中国瓷器的珊瑚红区分开来。在黑彩的使用上，正如伊万里瓷所呈现的那样，日本瓷器呈棕黑色，与中国瓷器的墨绿色对比明显。

大部分产自中国的伊万里瓷是在康熙中后期出现的，但其生产一直延续到雍正朝。事实上，我们在雍正时期的御窑厂器物清单中发现了"模仿日本"的镀金和镀银瓷器，极有可能指的是伊万里瓷。

还有一个庞大但不太贵族式的瓷器系列，似乎是中国伊万里瓷的分支。这种瓷器用红色、金色和青花进行装饰，尽管其色彩和整体风格与伊万里瓷相似，但其设计没有日本瓷器的痕迹。这种"红蓝家族"瓷器显然用于出口，主要类型有盘、碟、壶、剃须碗和其他家用物品，制成于18世纪上半叶，具有一定的装饰价值，但很少能达到收藏品的水准。

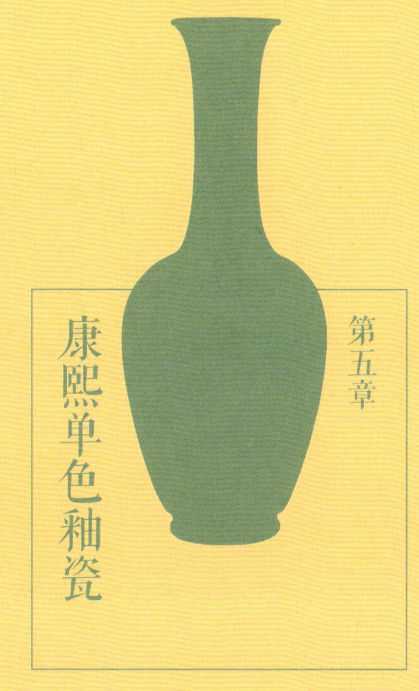

第五章 康熙单色釉瓷

如果釉质代表瓷器的品质，那么中国的单色釉瓷足以让收藏家们为之痴狂，它品质极高，无可匹敌。单色釉瓷在宋朝初年就成就突出，到了清朝，单色釉瓷成为一系列彩瓷的主导，仅是列举这些彩瓷就工程浩繁。但在英国，为之狂热的收藏家非常少。也许是因为在我们灰暗的天空之下，单色釉并没有呈现出真正的亮点，需要更多的光影才行。在英国的收藏品中，单色釉瓷的数量不及青花瓷或五彩瓷的十分之一。但法国人却一直对单色釉瓷情有独钟。18世纪，他们乐于用单色釉瓷装饰自己豪华的房间，为使瓷器与周围环境相协调，他们委托一流的艺术家，如古蒂埃尔（Gouthière）[1]和卡菲里（Caffieri）[2]，用奢华的描金装饰瓷器。深蓝、天蓝、松石绿、灰绿、胭脂红和裂纹釉反复出现在古老的法国图录和法国金银器制造商的笔记本中，在购买者中还可以看到诸如蓬帕杜夫人（Madame de Pompadour）这样的鉴赏家。

　　出于对单色釉瓷的虔诚，法国人为单色釉瓷配备精美的洛可可式底座。但瓷器收藏家与装饰性家具爱好者截然不同，现在他们认为这是一种令人生疑的恭维，他们更欣赏那些不受人为描金装饰影响的瓷器原本的形状和色彩。

　　但是，只有美国才有全心全意珍视单色釉瓷的收藏家，他们唯一的愿望就是不惜重金得到仰慕已久的单色釉瓷，所以他们不惜重金致力于选择最精美的瓷器，带着它们越洋而来，然而遗憾的是，在准备撰写这本书的时候，我们还来不及对美国的收藏品进行取材。

　　清代单色釉瓷发展的鼎盛时期是1680年到1750年，那时臧应选、年希尧、唐英先后担任御窑厂的督陶官。虽然我们把康熙、雍正、乾隆时期的器物分别放在不同的标题下进行介绍，但我们会认识到，很多彩瓷是三个时期都有的，要区分它们往往非常困难，这是一项极其细致的工作，鉴赏家必须主要依靠自己对各种风格的感知与识别能力，以区分后来瓷器与康熙瓷器形状和光泽的差异。

　　康熙御窑厂继承了明代的传统，开始制作大量种类繁多的单色釉瓷，除了针对釉做出改变，他们还能够烧造出许多新类型或改良款。

---

1 皮埃尔·古蒂埃尔（Pierre Gouthière），法国金属工人，制作了大量且种类繁多的金属作品。——译者注

2 让-雅克·卡菲里（Jean-Jacques Caffieri），法国雕塑家。——译者注

第五章
康熙单色釉瓷

提到单色釉，必定先说白釉。白色是中国宫廷规定在服丧期间使用的颜色，由于这一传统由来已久，白釉瓷器在宫廷的使用无疑受到了上流社会的追捧，仅此一点，对白釉瓷器的需求就一定是大量的。白色也是祭星时用的颜色。但是，白釉瓷器不仅因仪式需要，也因其外形简单典雅而备受欢迎。

白釉瓷器并不只是没有装饰的瓷器。由于没有鲜艳的颜色来分散人们对形状和表面可能存在的缺陷的注意力，所以在制作时必须特别小心，以保证其形状完美、釉面无瑕。毋庸置疑，精细的黏土和瓷土总是为白釉瓷器预留的。更精细的薄如蛋壳的瓷器，是器身在陶轮上削薄几乎至无形得到的，看起来近乎单纯靠釉面支撑。中国人将这种薄胎瓷生动地称为脱胎瓷。他们还将一种比薄胎瓷略为坚实的瓷器命名为半脱胎瓷。殷弘绪在 1722 年提到，那时为皇帝烧造的瓷器相当薄且非常精致，由于害怕损坏，不得不将它们放在棉絮上，而且蘸釉不安全，必须采用吹釉的办法上釉才行。[1]

有许多办法能够在不破坏白釉特性的情况下对瓷器进行装饰。明代瓷匠的方法是大量使用暗花[2]进行装饰。这种方法包括用液态白黏土或石膏绘制线条，嵌入、雕刻或模塑，绘刻好纹饰后上釉，这样透过光能够看到最好的效果。有时用针尖将纹饰刻在软瓷坯上，有时刻在较坚实的瓷坯上，先用圆点绘出轮廓，再在边缘处进行雕刻，产生轻微浮雕。在较为普通的瓷器上，人们大胆地在湿黏土上刻画出菊花或莲花的图案，透过釉面清晰可见。盘、杯、碟，以及其他运往欧洲的餐具有时也用这种方式进行装饰，然而欧洲装饰家们对这种设计不太看重，反而选择在白釉瓷器上施彩色纹饰。

另一种装饰方法是镂空，工艺精美绝伦。这种鬼斧神工的方法是明代技术的另一种延续。它有时与雕刻相结合，器身被当作一块象牙处理。若器物用于盛放液体，就必须保证其内壁完整，穿孔只能出现在器物外壁，或者镶嵌在金属衬里。当然，如此绝技并不局限于在白釉瓷器上使用，我们发现在素胎或其他器物上的精致浮雕也经常施彩。有时，瓷匠也会在花瓶

---

1 参见卜士礼，《东方陶瓷艺术》，第 211 页。

2 暗花工艺是瓷器工匠先在瓷坯上用较细的工具刻画出纹饰，然后再上釉。瓷器烧制出来后，这些纹饰就会在釉色之中隐约浮现。——译者注

腰腹处配一条旋转的带子，或者在器耳上穿一条松动的链环，以此展示他们精湛的技艺。

有时，白釉瓷器上的浅浮雕是用湿刷子刷起的碎黏土形成的。高浮雕则是单独制作的，用液态黏土粘在器物上，这些浮雕通常不上釉。另一方面，白釉瓷器有时会镶嵌已上釉的花，但这种装饰更多出现在康熙以后的器物上。

完全无釉的白瓷（一般称为素烧瓷）在中国似乎不像在欧洲瓷器制造商里那样流行，但是，即使我们没有机会见过用美丽的塞弗勒素烧瓷制作的野性十足的小雕像，我们也能偶尔看到用素烧瓷制作的佛教罗汉与狮子的小雕像。大英博物馆里就有几件，奇怪的是，它们都刻有工匠的名字（江鸣皋与陈国治），这在中国瓷器上是很罕见的。

我们也不能忘记精致的象牙白釉瓷，它是对传统宋代定窑器物的继承，实际上被称为清代粉定。器身不透明，呈泥土质地，就像块滑石瓷那样，釉层柔软温和，釉质莹润如脂，表面有裂纹。与块滑石瓷一样，这种瓷器显然十分昂贵，只用来做精致的装饰品，大多是小尺寸物件，如鼻烟壶、单枝花瓶和文人桌案上的用具。16世纪，模仿宋代定窑的同类器物制作得很成功，通常情况下，若明清瓷器的式样和纹饰都仿照宋朝制造，那么它们往往很难区分。很难想象有什么比康熙、雍正、乾隆时期制造的这类精美器物更精致的了，但它们在今天很罕见，而且价格极高。

插图43与插图44展示了高品质的象牙白釉瓷，它们的造型与光泽均达到了最高水准。插图43的图2是仿定窑白釉瓷，器身呈泥土质地，釉面微裂，但能确定它是在乾隆时期烧造的。插图45的图1可能属于同一时期，这是一种特殊类型瓷器的精美样品，薄胎瓷透光性极强，釉面呈珍珠白色，器身布满波浪形的橘皮纹路，还有褐色不规则裂纹。

谈及彩釉时，我们应该说明，只有少数颜色釉能够像白釉一样在窑炉的大火中生成。其他釉料，如铅硅酸盐，只能在窑炉温度适中的位置烧制，然后将其施于已成型的素烧瓷上。因此，釉料分为高温釉和中温釉两大类。除此之外，还有很多种釉料在隔焰窑中烧制而成，这些釉被称为珐琅釉或低温釉。中国单色釉瓷的釉料是通过金属氧化物提炼的，我们将对这些金属氧化物进行分类。

插图43

图 1

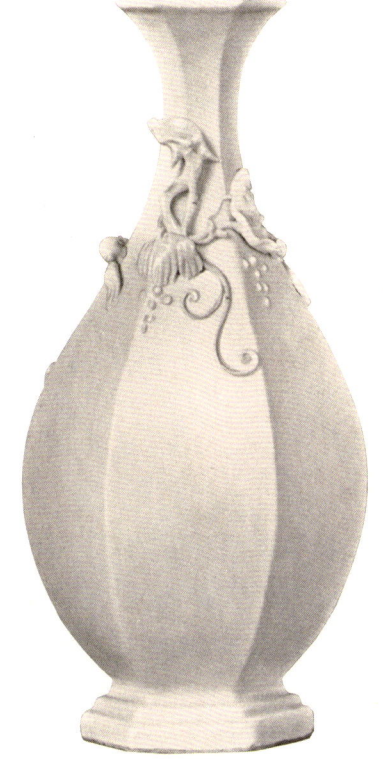

图 2

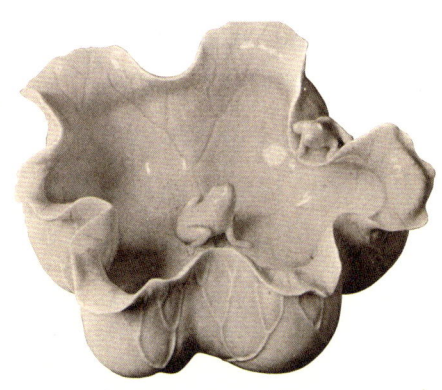

图 3

| 图 1　康熙柳叶瓶 |

器形优雅，器物底部环绘菊瓣纹浮雕；精致白瓷

高 8.6 英寸

约书亚女士收藏品（Mrs. Joshua Collection）

| 图 2　乾隆六方瓶型花瓶 |

颈部绘葡萄藤与松鼠浮雕；仿定窑牙白釉瓷，有轻微裂纹

高 7 英寸

哈维·哈登收藏品

| 图 3　康熙荷叶形笔洗 |

两只青蛙跃居其间；德化白瓷

口径 4.25 英寸

A. T. 沃尔上校收藏品

插图44

图 1　　　　　　　　　　　　　图 2

| 图1　莱菔尊 |

丰肩，长颈，侈口，左右各有衔环兽面无釉耳，一条刻有青铜器纹饰的宽带子——云雷纹上绘兽首等纹饰，器身绘云纹；施绿釉

蓝彩书嘉靖款识，18世纪制作

高 12 英寸

哈维·哈登收藏品

| 图2　瓷瓶 |

器形优雅；长直颈；肩颈处精美的白瓷上用蓝彩绘古龙浮雕

蓝彩书成化款识，18世纪早期制作

高 8.5 英寸

哈维·哈登收藏品

插图45

图1

图2

图3

| 图1　乾隆天球瓶 |

薄胎白瓷，橘皮釉面凹凸不平，绘褐色不规则裂纹

高 4.875 英寸

P. 大维德收藏品

| 图2　仿青铜器型方瓶 |

左右配有蛙形双耳，绘古龙浅浮雕；月光蓝釉面轻微开裂

高 4 英寸

查尔斯·罗素收藏品

| 图3　瓷碗 |

五只展翅蝙蝠，重叠交错；器身均施珊瑚红釉

口径 6.25 英寸

P. 大维德收藏

钴是众多蓝色的原料——黛蓝、霁蓝、浅天蓝、灰蓝、深浅月光蓝、浅月白。釉料的深度和色调随原料钴的含量和品质变化，要制作出这些釉色，需将原料钴与高温长石釉混合烧制。

另一种蓝釉的制造方法不同，将钴用海绵擦拭或直接涂在器物主体上，或制成干粉喷在上面，再像青花那样上釉。这种洒蓝釉（即吹青釉）瓷器，蓝色不与釉料混合在一起，而是喷在器身上呈现出明显层次，再覆盖一层透明釉。瓷匠偶尔会用针尖在这种洒蓝釉上绘纹饰，这样就可以去除蓝色颗粒，露出白色瓷坯。殷弘绪曾提到过这种装饰[1]，他还在1722年的信中描述了将蓝色粉末（吹青）喷到器物上的过程："要以喷吹法在瓷坯上施以叫作'吹青'的釉料，就必须使用以前介绍的方法精制优质的釉料，当吹青变干时，施以普通釉，若需要裂纹则施碎釉[2]。"他在别处解释了中国人在吹釉过程中是如何用纸围绕器物，以便收集和保存飞散的珍贵粉末的。事实上，粉末是通过覆盖在竹筒末端的纱布吹出来的。它沉淀在器物表面，形成一片片小斑点，在烧制时变成发光的蓝点。釉是"静止的"，对保留粉状形态的有色颗粒影响很小。这样形成的洒蓝釉瓷器是所有蓝地瓷器中最为鲜艳的，与大多数彩釉不同，它在人造光的照射下几乎不会失去光泽。洒蓝釉是一种单色釉，在瓷器上大面积使用洒蓝釉未免色彩有些强烈，中国人认识到了这一点，多以描金装饰调和大块蓝色，但洒蓝釉被更多地用作开光的背景。吹釉料时，用纸盖住开光，然后在开光内绘制青花釉里红或五彩纹饰。当开光内绘五彩纹饰时，周围的描金装饰通常会用在蓝釉上，但施青花时却不然。

《景德镇陶录》提到吹青是臧窑的特色之一，而且它似乎晚于康熙时期出现。然而，在一些明代瓷器上，白釉也是用类似的方法吹制的，而蓝釉也可能是这样制成的。这种方法出现在明朝嘉靖年间的一些蓝釉上，但在这种情况下，蓝色被混入釉料中，所以与康熙洒蓝釉的外观完全不同。[3] 但一旦有了这样处理的基础，洒蓝釉就可以继续用下去。雍正时期就烧制了很好的洒蓝釉瓷器，甚至在今天还在烧制这

---

1 参见卜士礼，《东方陶瓷艺术》，第221页。

2 碎釉（裂纹釉）与各种彩釉混合产生裂纹，但我们没有找到天蓝碎釉的例子。

3 不过，有几件明末瓷器上出现了一种最初的洒蓝色，呈不规则大颗粒状，可能是用海绵沾上了啤酒。

种瓷器。但康熙洒蓝釉瓷比后来的器物都要出色，同康熙青花瓷一样，收藏家认为它是中国瓷器中最珍贵的。洒蓝釉有深浅之分，吸引着不同品位的人们，若蓝釉质量上乘，无论深浅都是值得赞美的。

英国有许多珍爱洒蓝釉瓷器的人，也有些非凡的收藏品。J. B. 乔尔（J. B. Joel）先生收藏了数百件种类多样、形状各异、大小不一的作品，其中一些质量上乘，还有一些尺寸罕见，比如一件青花开光凤尾尊，高达76.2厘米。利弗夫人美术馆的一间展厅里摆放了四个橱柜的洒蓝釉瓷器。伦纳德·高先生拥有众多精选样品，其中一些可以在插图46中看到。从这些插图中大致可以得知它们的颜色和粉末质地，但要再现这些精美蓝釉瓷器宝石般的光彩和色调的微妙变化几乎是不可能的。所有瓷器的开光内都绘有五彩纹饰，其风格与花瓶的贵重相称。插图47的图2罕见地将洒蓝用作彩绘装饰，利弗夫人美术馆有一对洒蓝开光棒槌瓶，洒蓝开光周围绘五彩纹饰，颠覆了以往的画法。

康熙瓷器所用的中温铅硅酸盐釉中含有钴蓝，呈深紫色，像所有的铅硅酸盐釉一样，它容易被一层细微到很难察觉的裂纹所覆盖。美丽的绿松石蓝釉是另一种中温釉，但由于它是从铜而不是钴中提炼出来的，因此属于另一类。

锰与钴存在于同一矿物层（即钴锰矿）中，是茄皮紫釉中紫罗兰色和紫铜色颜料的基础。这种釉料经中温烧制而成，用于制作单色釉，或与其他颜料，如松石绿、黄、绿，混合使用。自明代以来，松石绿与紫罗兰色的结合一直备受欢迎。紫罗兰釉较厚，透明度稍差，呈现出细小斑点，代表其经喷吹而成。紫铜釉层较薄，更有光泽，透明度高，但两者都经常出现细微裂纹。钴锰元素在黑釉中也起着一定的作用。

氧化铁是中国人使用最多，也是最古老的着色剂之一。许多黏土中都含有大量铁元素，经烧制会变成红色或褐色，甚至变成黑色。将少量含铁黏土与长石釉混合，会产生美丽的青釉，宋代瓷匠对此尤为擅长。同样的方法早在景德镇发展初期就已经投入使用了。殷弘绪在1722年提到青瓷仍然很受欢迎："今年我第一次看到一种现在很流行的瓷器，接近橄榄色，人们称之为'龙泉青瓷'（Long tsiven）。"[1]

1　参见卜士礼，《东方陶瓷艺术》，第214页，Long tsiven即龙泉，龙泉是宋明时期著名的青瓷产地。在别处，殷弘绪描述了意在欺骗的仿宋青瓷。

插图46

图1　　　　　　　　　图2　　　　　　　　　图3

| 图1　康熙五彩开光洒蓝釉棒槌瓶 |

　　大小开光内绘仕女孩童等

　　伦纳德·高收藏品

| 图2　带盖花瓶 |

　　开光内绘花鸟等

　　伦纳德·高收藏品

| 图3　棒槌瓶 |

　　大开光内绘花木禽鸟

　　高18英寸

　　伦纳德·高收藏品

插图47

图 1

图 2

图 3

| 图 1　康熙葫芦形执壶 |
洒蓝釉地绘描金梅花枝等纹饰；四叶草与叶状开光
内绘五彩花鸟
高 7 英寸
W. H. 费兰德收藏品（W. H. Ferrand Collection）

| 图 2　觚（一对之一）|
腹部呈球形，器物上端施绿釉，绘茄紫荷花纹；
下端绿地上环饰如意垂饰；其余部分施洒蓝釉
高 11.75 英寸
亨利·L. 法勒收藏品（Henry L. Farrer Collection）

| 图 3　方形四足香薰 |
狮面四足；四周绘五彩兽首浮雕，中部与笼盖均镂空；
笼盖雕狮形把手
高 7.25 英寸
亨利·赫希收藏品

康熙、雍正、乾隆时期烧制了许多美丽的青瓷。它们的颜色与早期龙泉窑瓷器大同小异，但釉层更薄，景德镇的白瓷与灰地、褐色口沿的宋瓷很好区分，此外，清朝瓷器底部往往绘有青花纪年款（插图 44）。但是，清代瓷匠并不仅仅将青釉作为单色釉使用，青釉上常绘青花釉里红（插图 5，图 2），或施以浅黄釉或紫金釉。青花釉里红中，青釉下的蓝色暗沉发黑，但釉里红被浅色青釉覆盖后，往往形成最吸引人的色调。青瓷是 18 世纪法国鉴赏家们的最爱，现在仍然可以找到许多精选样品，当时巴黎艺术家们还特别打造了精致的镀金底座。殷弘绪补充说，裂纹青瓷是用普通方法制作的，即添加碎釉或裂纹釉，我们都熟悉灰绿色裂纹花瓶，坯体为铁褐色，并配有狮形铺首衔环。它们是用碎釉制作的，但很少有作品像殷弘绪提到的那样古老。

有许多灰色、浅黄色和褐色釉料，大部分都有裂纹，它们的颜色来自小剂量的铁或含铁黏土。它们与青瓷密切相关，并与青瓷一样经高温烧制而成。其中最具特色的是一批有光泽的褐色釉，中国人称之为紫金釉（也称酱釉），颜色从橄榄棕和深咖啡棕到浅金棕或"南京黄"都有，釉面不时有裂纹。紫金釉和洒蓝釉一样，既可以用作单色釉，也可以用作开光装饰的底色，开光内绘青花或彩釉纹饰。这种开光酱釉瓷器被欧洲人称为巴达维亚瓷（Batavian），巴达维亚是印度尼西亚爪哇岛的港口，荷兰船队从此地把酱釉瓷器转运到欧洲，酱釉瓷器因此得名。酱釉瓷器的开光往往用粉彩进行装饰。有时，碗或杯也会运用外酱釉内青花或内彩绘的装饰手法，在少数情况下，褐地覆以银彩，这种工艺被误认为是雍正时期出现的新工艺。[1] 根据现有瓷器，很难对银彩进行公正的评价，因为随着时间的推移，金属会变黑。

颜色较浅的褐釉经常覆盖在湿黏土雕刻的图案上，我们注意到，"南京黄"有时也用作五彩装饰的底色。釉面偶尔也会出现斑纹，如纽约彼得斯收藏品（Peters Collection）中的两件珍稀的花瓶，其中一件紫金釉花瓶渐渐变成了带有黑色斑纹的橄榄棕色，而另一件橄榄棕釉花瓶的表面出现了大块深咖啡棕色。

乌金釉是这一系列的另一分支，由

---

[1] 这种工艺可能在这一时期首次在御窑厂使用；但它肯定也在其他康熙器物上出现了，因为殷弘绪在信中描述了它。

少量含钴锰矿石与酱釉混合而成，这种釉是坚硬的高温釉，黑亮似漆，釉面反射出蓝色或褐色的光，普遍称为乌金釉（插图48）。虽然乌金釉与清代乾隆瓷器和其他宋瓷中颜色较深的黑褐色釉略有联系，但真正的乌金釉似乎是康熙时期的创新之举。殷弘绪说，乌金釉是在多次烧制失败后才得以完善的，他对乌金釉的年代判断可能是正确的，尽管他倾向于断言许多工艺都是清朝时发明的，但是我们现在知道了，这些工艺早在明朝时就已经在使用了，紫金釉就是个很好的例子。

师克勤的珍贵笔记揭示了中国成功烧制这些高温单色釉的部分秘密。深蓝釉、青釉、有光泽的酱釉、乌金釉都可多次施釉。在某些情况下，为确保必要的密度和光滑度，需要施多达九层釉，其中有六层用吹釉法，三层用刷釉法。

美丽的乌金釉反射出柔和的褐色，这种瓷器极为罕见，价格十分高昂。和洒蓝釉一样，乌金釉多用描金装饰，但时间一久，金彩多有脱落，只剩下浅浅的油光纹，只有斜对着光线时才能看到。如今，洒蓝釉和乌金釉的描金都会加以润饰，这很常见。乌金釉的另一个种类是像漆一样的厚重的釉，釉质柔和，鲜有光泽，常有细微裂纹。这可能是乾隆时期之后的作品。

殷弘绪提到了用乌金釉为酱釉的开光绘制纹饰。我们不记得有这种样品，但利弗夫人美术馆有一个三节式葫芦瓶，其中一节施以乌金釉，另一节在白釉上绘五彩，还有一些罕见的例子，如在乌金釉地绘彩色开光。

铁元素起重要作用的另一种颜色是黄色。如前所述，"南京黄"是一种浅色的高温紫金釉，这种颜色通常被视为金褐色而不是黄色，尽管有些情况下它更接近黄色。但这一时期的代表性黄釉是一种中温铅硅酸盐釉，与茄紫和浅绿共同构成三彩。这些颜色都用来做御用单色釉瓷器，但蛋黄色是更特别的御用颜色。将黄釉直接施于素坯，会呈现出更深的偏褐色调；将黄釉施于白瓷，则会呈现出更浅的明净色调。雕刻图案经常在施黄釉前完成，就像茄紫釉和绿釉一样，在御用瓷器上，常绘五爪龙戏珠。《景德镇陶录》提到了两种黄色，一种是鳝鱼黄，可能是施于素坯的黄褐色釉；另一种是黄斑点，更耐人寻味。卜士礼认为黄斑点是绿色、黄色与茄紫色的斑纹，也就是所谓的"虎皮纹"和"鸡蛋菠菜纹"，这种斑纹实际上

插图48

| 康熙乌金釉长颈瓶 |

褐色光泽

高 7 英寸

陆军少将 C. P. 艾伦收藏品（Major Rt. Hon. C. P. Allen Collection）

是用在御用瓷器上的，比如素廷收藏品中的虎皮纹瓷盘上就刻有御用龙纹。[1] 布林克利（Brinkley）将其描述为"带有橄榄绿和黄色斑点的瓷器"，必须承认，这种表述十分模糊，足以涵盖所有包含黄色的斑点釉，就像纽约彼得斯收藏品中的稀有花瓶一样，黄褐色釉面有细微裂纹，上面点缀着深橄榄色斑纹，就像玳瑁花纹一样，或像弗兰克斯收藏品中的一个小盖罐，褐黄色瓷面夹杂着黑色斑点。

有许多深浅不一的黄釉被用作彩釉，如报春花黄、鲜黄、柠檬黄和芥末黄。殷弘绪描述，黄釉由铁元素与助熔剂混合而成，但我们知道，锑是许多黄釉的原料，中国人可能同时使用了锑和铁。除粉彩瓷中的淡透明黄之外，大多黄釉瓷器都在康熙以后出现，然而裂纹芥末黄釉瓷器有时被断定为康熙年制，这种说法暂且存疑。裂纹芥末黄釉这种特殊釉料与苹果绿和山茶叶绿裂纹一样，是在裂纹石块有色釉料上经粉刷而成的，某些情况下，黄色带有明显的绿色调。

总之，氧化铁是形成矾红（或铁红）的基础，它在粉彩瓷的装饰中占有很大的比重。矾红是一种暗珊瑚红，通常不需要使用助熔剂。这种釉料是在烧制前用牛胶粘在瓷器上的，烧制后借助釉中的二氧化硅呈现出微微的光泽。这种釉料被用作康熙瓷器的底色，釉面总绘有白色或彩色的缠枝花纹（插图38）。大部分珊瑚红釉晚于康熙时期出现，后来还出现了多种彩釉，其中的铁红或多或少含有厚重的助熔剂，这些将在下一章进行讨论。

---

[1] 像殷弘绪所描述的那样，这里的黄斑点似乎只是由黄绿点釉变化而来，也在雍正瓷器清单中三种御窑厂官釉里有所提及。

第六章 康熙单色釉瓷（续篇）与颜色釉瓷

氧化铜是另一种大量使用的着色剂。在不同的条件下烧制，它会产生樱桃红、桃红和栗色；也会产生斑纹或窑变效果，紫色和灰色的斑点散落在红地上；还会产生松石绿色；或者会变成一系列的绿釉。这些颜色中最有趣的是各种红色，它们由氧化铜和长石釉在瓷窑中经高温烧制而成。康熙时期最典型的红色是郎窑红。

明宣德时期的瓷器以亮丽的铜红色闻名，这种红色被称为祭红和宝石红，传说（真假掺半）宝石红釉料是在釉中掺入了红宝石或其他宝石的粉末。制作这种红色釉料的技艺很难传承，显然在16世纪就已经失传了，直到康熙年间江西巡抚郎廷极在景德镇督造瓷器时，才重新恢复这种技法，并以他的名字为窑炉或瓷器命名。"郎窑"一词并没有普遍出现在景德镇瓷器的命名中，它只是口口相传而来，并没有充分的理由将它与郎廷佐[1]联系起来，更没有理由将其与郎世宁（原名为朱塞佩·伽斯底里奥内, Giuseppe Castiglione）联系起来。若说郎窑与郎廷佐有关，这极为荒谬；若说郎窑与郎世宁有关，这也不可能，因为郎世宁在1715年才来中国。[2]

阅读殷弘绪的信件会更有帮助，他在1712年提到了著名的釉里红，并在1722年的第二封信中对这种红色釉料做了出色的描述："这种釉里红[3]是用红铜颗粒和某种红色石头或卵石的粉末制成的。一位信仰基督教的医生告诉我，这种石头是一种明矾，用于制药。将所有材料在研钵中捣碎，并与年轻人的尿液和普通的瓷器釉料混合。但我无法确定这些成分的量，因为知情人士严格保密。这种混合物在瓷器烧制之前就要在素坯上，不再使用其他釉料。但在烧制过程中，一定要注意，不能让红色颜料沉到花瓶底部。他们告诉我，当他们打算把这种红色颜料涂到瓷器上时，他们不使用白墩子，而是用一种与高岭土混合的黄色黏土，其制备方式与白墩子相同，可能这种黏土更适用于这种颜色。"

中国关于明代釉里红的记载都提及红宝石是釉料的成分之一。这种红宝石可

---

[1] 江西巡抚（1654年至1656年）和江南江西总督（1656年至1661年；1665年至1668年）。

[2] 在此无须重述《中国陶瓷》第二卷第221页所述的理由。

[3] 师克勤用"釉里红"表示釉下红彩，与他命名为祭红的牛血红釉不同。殷弘绪可能混淆了这两个术语。

能是玛瑙¹，虽然它不可能对完全由氧化铜还原生成的红色物质产生影响，但它很可能增加了釉面的光泽度。黄黏土可能与釉里红用土相同，据说明嘉靖年间的御用瓷匠由于缺乏这种泥土，受到了严重的制约。这无疑是一种含铁黏土，其中铁可以作为铜的还原剂，由于釉里红是在还原环境中烧制的氧化铜，铁元素无疑是有帮助的。²

典型的郎窑瓷器最好参照好的样品来描述。想象一下，一件花瓶，直颈，圆腹，均施郎窑釉。釉面为浓烈的红色，随釉面向下垂流，因此颈部上端可能都是白色的，越靠近颈部底端，红色越浓艳，在肩部堆积形成牛血色；瓶身的釉层又变薄，成为鲜艳的樱桃红；近足处釉层又变厚，最终形成一条清晰均匀的线。仔细观察会发现，红色形成了无数的小点，并随着釉料的流动淌下来；红色沉积在瓷器表面，并没有渗透釉料本身，釉面满是气泡，有轻微裂纹。器底未施红釉，但有时会呈现出淡绿或浅黄裂纹。席勒先生（Mr. Schiller）收藏的精美郎窑红小花瓶（插图49）体现了这些特征。

真正的郎窑的秘密当然被保守得非常严密，但似乎在康熙晚期又失传了。³毫无疑问，这秘密有关釉料成分，郎窑的釉料比后来使用的釉料质地更硬，流动性更弱。但事实依旧是，康熙之后统治时期的瓷匠从未完全成功控制过釉的流动，也没有成功制作出完美的红釉。在后来的器物上，釉料会流动到足底，必须要磨掉，几乎总有灰色或紫色的条痕破坏红釉表面，而这些条痕在郎窑瓷器中是没有的，郎窑的秘密再次被揭开也是可能的。事实上，郎窑最好的仿制品是最近出现的，其中一些红釉相当出色，不过它们并没有完全控制好釉料的流淌。

另一种较常见的郎窑红釉是捣碎的草莓红色，釉面多气泡，布满针孔与斑点。这种瓷器通常呈碗状，器身优美，圈足外

---

1 也曾被用于宋代著名的汝窑釉中。

2 诺尔曼·科利（Norman Collie）教授在《东方陶瓷协会会刊》（Transactions of the Oriental Ceramic Society）（1921—1922，第22页）中对制作铜红釉的技术进行了讨论。

3 显然，制作郎窑红釉的尝试并没有随着康熙时期的结束而停止。师克勤在1882年写道："自从铜红（祭红或牛血红）制造秘密的最后一位知情人士去世后，就再也没有制造过。二十年前，在一封给皇帝的奏折中，御窑厂的管理人员因无法制作祭红釉花瓶而请求宽恕。"当然，这个秘密的最后一位知情人士有可能是郎家的人，而且在这件事发生的一百五十年前就已经去世了；但我们知道有一些劣质的牛血红釉瓷器，显然是后来努力仿制祭红釉的结果。另见第169页同治瓷器清单。

插图49

| 康熙郎窑红釉长颈瓶 |

从樱桃红过渡为牛血红,口与底呈淡黄色

高约 4.67 英寸

F. N. 席勒收藏品

撇。几乎所有这种瓷器底足均内施裂纹水绿釉，这种绿釉也称为郎窑绿釉。[1] 少数情况下，绿釉会覆盖整个瓷器表面；可能由于器物冷却过快，导致了红色的消失。大英博物馆的一件瓷碗就是受到了此种影响，为弥补这种缺失，又施五彩加以修饰。

铜红色一直以来都难以驾驭，康熙时期的瓷匠也难免有制作失败的时候，但有些不完全失败的作品本身却不乏吸引力。例如，有时产生一种罕见的、名字颇具诗意的颜色——"玫瑰灰"，这种情况下，釉面略带铜红色，近乎栗色，与牛血红釉一样有轻微裂纹。其他情况下，窑内意外形成的氧化环境会使铜红色釉面爆裂出紫、蓝和灰色条痕。这种情况被中国人称为窑变或窑变效应，经窑变制成的瓷器被康熙时期的瓷匠视为失败，因此都被销毁了。在康熙之后的统治时期，瓷匠掌握了人为烧制这些釉面斑驳的瓷器的方法，并为此感到自豪。殷弘绪见到了一件所谓的失败品，他说瓷匠一直在尝试制作吹红釉。其他语境下，rouge soufflé（胭脂红）的表述引起了一些误解，它被误认为是后期的一种粉状质地的铁红单色釉。但这段话清楚地表明，殷弘绪写的是铜红釉，至少在某些情况下，它是通过喷吹形成的，即经覆盖在竹筒末端的纱布吹到器物上，这一过程可能有助于解释上述的红色斑纹。

铜红在釉下彩中的应用已经在第二章中描述过了。

另一种备受推崇的铜红是"桃花片"，中国人给它起了很多名字：苹果红、苹果青和豇豆红，豇豆是中国的一种豆类，外皮呈斑驳的粉色，带赤褐色斑点。

从这些名称中可以推断出"桃花片"不是普通的红色，而是由粉红色渐变为赤褐色或栗色，中间点缀橄榄绿和赤褐色斑点。有时绿色覆盖大片区域，有时釉面很厚，有裂纹，釉面十分光滑足以使彩釉流淌。插图50插图2展示了精美的"桃花片"瓷器，器身大面积施苹果绿釉，泛赤褐色斑点，以桃红色边框围绕。事实证明，铬锡可以产生"桃花片"的颜色，但是我们没有证据表明中国人知晓这种方法；"桃花片"是中国瓷匠根据以往经验，从氧化铜中提炼出来的，这种推测或许是正确的。[2]

---

[1] 参见科利教授著作。"郎窑"一词被一些作者误用在苹果绿色裂纹釉上，即灰色裂纹釉上的绿彩；但我们应该意识到，郎窑绿釉是这里描述的意外效果。

[2] 参见霍布森，《中国陶瓷》，第二卷，第177页。

插图50

图1

图2

| 图1　18世纪早期长颈瓶 |

苹果绿釉地绘石灰色裂纹，施透明绿釉，略带光泽

高约 5.67 英寸

哈维·哈登收藏品

| 图2　康熙浅腹碗状笔洗 |

圆边，敛口。外壁施桃花片釉，伴有大片带褐色的绿点；
内壁与器底施白釉

蓝彩书六字底款

口径 4.6 英寸

哈维·哈登收藏品

小物件上常施"桃花片"釉，如桌案上的水壶、笔洗（插图50）、印泥盒，或小花瓶，而且有些瓷器的造型与"桃花片"釉密切相关。其中有蜂窝状的笔洗，也称作"太白尊"。因其形似一幅名画中醉酒诗人李太白的酒坛故得此名。另一种是优雅的菊瓣瓶，底端雕刻一圈菊瓣纹（插图43）；还有一种细长的锥形花瓶，撇口，器足窄，需要深木架支撑，否则不安全。在美国，这种锥形花瓶常被描述为双耳细颈瓶，它的造型确实很像希腊的双耳细颈瓶，只是没有那对独特的把手。"桃花片"釉瓷器以白釉为地，而且款识多为青花书写康熙年号，笔法细致，甚至有些矫揉造作。但毫无疑问，康熙作品都不会这样标记。如今有很多精美的"桃花片"釉瓷器的仿制品足以迷惑粗心的人，我们也已经见过几件仿制的双耳细颈瓶。这些花瓶的颜色有时是很好的，但浆料、釉料和制作工艺都无法生成康熙精美瓷器的光泽。

我们已经注意到，在釉下彩纹饰中使用的红色，特别是在釉色成片汇聚的地方，有时红色浓稠，多气泡，带有明显的"桃花片"色。这似乎是特意打造的效果，意味着使用了特殊混合物。

"牛血红"和"桃花片"并不会用尽从氧化铜中提取的红色。还有栗色或赤褐色釉料，有时它们在颜色深度上更接近"桃花片"，但它们与"牛血红"和"桃花片"釉料的质地不同。赤褐色只是一种描述，无法恰当形容更出色的釉色。例如，有一种形状优美的酒杯，施有美丽的半透明深红釉，就属于这种釉色，还有一些花瓶，在颜色深度上几乎可以和郎窑红媲美。但这种深红色与郎窑红和"桃花片"的制作工艺不同，它似乎更容易控制，随着红色变淡，会出现清透的白釉，虽然有时釉层很厚，有气泡，但它从不出现裂纹。但是，如果这种釉料制作不成功的话，则乏善可陈；失败的话会变成褐栗色或暗淡的赤褐色，都是不好看的。

在中温釉中，松石绿和浅绿都从铜中提炼而来。松石绿异常美丽，一直备受推崇，但它如今在巴黎的流行程度似乎是前所未有的。松石绿会呈现出不同的颜色和特征，从秀丽的蓝色到深沉的绿色，有时两色兼具。中国人给松石绿起了各种名字：翡翠、孔雀绿。松石绿釉面几乎总有细微裂纹，但在更绿的釉面上，裂纹更为明显。

要确定松石绿釉瓷器的年代并不容易。这种釉色从明代到现在一直在广泛使用，我们必须根据器物形状和风格来判断。不用多说，康熙时期的松石绿釉料大多质量上乘，朴素洁净，偶尔会用于釉下雕刻的图案。似乎有种粗糙的黏土（可能含铁）有助于生成松石绿色。[1] 许多松石绿釉花瓶因底部粗糙和边缘发红而暴露了这种混合物的存在，但这种混合物似乎没有用在康熙器物上，因为康熙器物底部是细密的白色。

根据《景德镇陶录》，在臧应选的监督下，御窑厂制成了三种出色的釉料，分别是鳝鱼黄、蛇皮绿、黄斑点。

插图 51 展示了一件美丽的小瓷瓶，白瓷上施松石绿釉，不愧为臧应选监管的御窑厂烧制的瓷器；还有一件瓷碗，孔雀蓝釉面上刻有皇室五爪龙、岩石与波浪纹。瓷碗底部有康熙年号。

中温烧制的铅硅酸盐釉和隔焰窑烧制的彩釉中的众多绿色釉料都是由铜产生的。最常见的是透明的浅绿釉，有时被用作单色釉，釉下时有雕刻或模制的装饰。这种浅绿更常出现在与黄和茄紫结合的三彩装饰中。更为突出的是瓜皮绿，呈略微发黄的叶绿色，有深色斑纹；还有蛇皮绿，是光泽度高的透明绿色，在《景德镇陶录》中被列为在臧应选的领导下制作的四种最漂亮的釉料之一。这是蛇皮绿区别于单色绿釉的地方，当然其他绿釉也有值得称赞的地方。

有一些绿釉被用作单色釉，单独或与其他颜色釉料结合使用。因此，有种著名的釉料是在石灰色裂纹上施透明祖母绿釉料形成的（插图 50），用苹果绿来命名并不恰当。这种颜色十分漂亮，由于价值很高，多被仿制。它的制作过程非常简单，仿制品往往好得让人不忍拆穿，特别是在旧裂纹花瓶上进行仿制。然而，当小心翼翼地擦拭新瓷器时，它会显露出人工磨损和摩擦的痕迹，从而显露出它的赝品本质。乾隆时期有很多裂纹绿釉的精美瓷器。我们可以通过瓷器底部特有的精细加工来辨识[2]，我们会注意到，这些瓷器的彩色釉料通常会覆盖底部毛边，使其呈现出褐色。祖母绿釉光洁莹润，甚至耀眼夺目，在裂纹隔开的开片上，常常形成有光泽的假翅膀，像苍蝇翅膀一样。一些收藏家认为这些"苍蝇翅膀"是年代与真品的标志。不过，这种简单的衡量标准是不可

1　师克勤告诉我们，当时（1882 年）这种特殊的素瓷坯是用来制作铜红釉和绿松石釉瓷器的。

2　即底边呈楔形而不是直边。

插图51

图 1

图 2

| 图1　康熙百圾碎釉长颈瓶 |
高 4.4 英寸
A. L. 赫瑟林顿收藏品（A. L. Hetherington Collection）

| 图2　精美松石蓝釉碗 |
刻有五爪龙
康熙款识
口径约 4.67 英寸
A. T. 沃尔上校收藏品

信的，当代瓷器的釉面也能够完美呈现出这种光彩。

除了明亮的祖母绿釉，还有其他色调的复合裂纹绿釉，有时会呈现出相当深的黄瓜绿色。此外，还有以类似方式制成的复合裂纹绿釉，但用的是各种色调的半透明釉料，有"山茶叶绿"、"桃金娘绿"、"菠菜绿"和"鼠尾草绿"。但是，这些绿色早于雍正时期出现的说法的真实性尚且存疑。而且，同样带有绸缎般光泽的半透明绿釉，也被用来做陶器底座，特别是在江苏嘉善。

文中经常提到"裂纹"，对此早该做出解释。殷弘绪生动贴切地描述了裂纹釉："釉面如布满纹理的大理石，裂纹四散。远看像是破碎的瓷器，但所有碎片仍保持原位，就像马赛克作品一样。"毫无疑问，裂纹最初产生于意外，但中国人立刻看到了它的价值，他们早在宋朝就掌握了如何随心制造裂纹釉瓷器。

所有瓷器在窑内都会收缩，为确保表面的平整，瓷体和釉的收缩程度必须相同。如果釉的收缩程度超过了瓷体的收缩程度，釉面就会出现网状裂纹，中国人必须找办法在不破坏瓷器的情况下制造出裂纹。最终，他们找到了几种方法。一种是尽量放在太阳下烤晒促其干燥，然后将其浸入干净的水中，这样就能在烧制后产生裂纹。但在康熙时期更常见的方法是殷弘绪所描述的，即将碎釉（裂纹釉）与普通釉混合。碎釉单独使用时，呈灰白或铁青色，但当其与淡紫色、褐色、蓝色等彩色釉料混合时，其对彩色釉料的实际颜色影响不大。很明显，中国人可以在很大程度上调整片纹大小，因为我们有时会在同一件作品上看到众多大小不一的片纹。他们还在器物尚热、裂纹未完全闭合的时候，用红赭石、墨水或茶汤擦拭片纹，以突出裂纹线条。有时，这些染料会渗透到裂缝外，使釉面浑浊。这种现象在最常见的土褐色和浅黄色片纹上体现得尤为明显。我们已经注意到，灰色片纹是一些复合釉的基础，例如苹果绿釉。而浅黄色或浅棕色片纹有时会与青花甚至珐琅彩结合。在这些情况下，使用蓝彩时一般将其绘于局部施有白色的釉垫上。这种淡黄和蓝色片纹的样品并不少见，但大多都晚于康熙时期出现，而且当时的瓷器颜色暗沉，敲打时不会发出响声。

插图 50 展示了明显的裂纹效果，更为细碎的开片被法国人称为 truité（百圾碎）。人为制造的裂纹与大多数中温釉

（如茄紫釉与松石绿釉）意外产生的龟裂或轻微裂纹截然不同。

除单色釉外，彩釉也用于其他造型的瓷器上。即使是高温釉，如蓝釉、青釉、铜红釉和酱釉，有时也会绘制在斑驳的器物上，特别是在某些小物件和装饰品上。这些小物件外观非常时髦，但德累斯顿收藏品中的一系列瓷器表明，它们确实是康熙时期制造的。齐默尔曼教授推测，这些器物是地方窑厂烧造的。

著名的素三彩瓷，即明三彩瓷，是用中温釉装饰的，这些中温釉包括绿釉、茄紫釉、黄釉、松石绿釉和蓝紫釉，有一些明代瓷器留存至今。松石绿釉和茄紫釉经常同时出现在桃形酒壶上。碗碟上雕刻的图案常用茄紫釉、绿釉或黄釉上色，颜色对比鲜明。著名的茄紫釉碗上刻着一簇花，花朵在茄紫色地上由绿、黄、白色彩料渲染而成，同样的设计也被运用在绿地彩瓷上。这些碗上大部分都有模糊的蓝色款识，也就是常说的堂名款，虽然有些款识可能比康熙时期稍早，但一般都属于康熙时期。还有一些精致的御用瓷碗和瓷碟，刻五爪龙，施绿地黄彩，或紫地绿彩，或黄地紫彩。德累斯顿收藏品中有一件非同寻常的瓷碗，在黄地瓷面上将龙染成深紫色，几近全黑。但我们不能想当然地认为这类带有康熙年号的瓷碗就一定属于康熙时期。许多此类瓷器都明显体现了乾隆器物的外形特点，而且可以肯定的是，这种类型的瓷器存在已久。

在规模更大、生产种类更多的窑厂中，使用同样的釉料是不会考虑釉下装饰的。要么大面积浇釉，要么喷洒成混杂的玳瑁釉。这种由绿、黄、茄紫和白色构成的斑纹被称为虎皮纹。这种斑驳的釉面偶尔会出现在更精致的瓷盘上，如御用瓷盘，但它更多出现在较粗糙的瓷器上，这些瓷器在出口贸易中占比极大。殷弘绪对此有一段有趣的描述："有一种彩瓷比上文所述的彩瓷（例如五彩瓷）价格低……这种瓷器的材料不需要那么精细。已经在大窑炉中烘烤过的器物未经上釉，因此是白色无光泽的。若要将其制成单色釉瓷，则需将其浸在盛满着色剂的盆中上色。但若要制成多色彩瓷，像黄绿环[1]那样，分成各色开光：一块绿色开光、一块黄色开光等，就需要用大毛笔上色。这就是制作这种瓷器所需的一切。只是在烧制之后，需要在某些地方，如鸟喙等，涂一点朱砂。然而，这种朱砂并不会燃烧，因为它

---

1 试比较雍正器物清单的黄绿点与黄斑点。

在窑内会蒸发，因此成色不会很持久。施以各种釉料后，这种瓷器又与其他尚未烧制的器物一起在大窑炉中重新烧制，但需要注意的是，要把器物放在窑炉底部和通风孔下面，火势才不那么猛烈，否则，高温会破坏釉色的生成。"¹ 在这段描述中，我们头脑中即刻浮现出栩栩如生的走兽、禽鸟、人物与神灵的形象，以及釉色斑驳的神龛、船只、岩石和洞穴等装饰，其中绿色和茄紫色占很大比重。我们也注意到，在未上釉的底座和人物的皮肤上有红彩的痕迹。

明代无疑也有类似器物，但保留下的样品极其稀少，而且经过鉴定的样品自身特征非常明显。² 因此，如果没有非常明确的反证，我们就可以假定，关于这类瓷器，我们讨论的是康熙及其以后时期的器物，因为殷弘绪的信写于康熙王朝的最后一年。此外，德累斯顿收藏品主要是在1694年至1705年间收集的，包含大量此类瓷器。殷弘绪对这种瓷器的评价不高，其实不然，因为尽管其中许多器物的制作工艺相当简单，但也有许多造型精美的装饰物是用这种方式上釉的，如桌案等，更

有一些精雕细琢的神像和禽鸟像，施一层光洁华丽的釉，尤显魅力。

虎皮纹瓷器使用的釉料主要成分是较软的铅硅酸盐，釉料光滑，呈半透明质地，如今因年代久远而略有虹彩。它们容易与隔焰窑的彩釉（用于素烧瓷坯上的涂层颜料）混淆。尽管这两种釉料外观相似，但实际上，隔焰窑的彩釉更易熔、更软，含铅量也更高。它们在颜色上也有明显区别：虎皮纹的黄釉比隔焰窑的彩釉色泽更饱满、更接近褐色；虎皮纹的茄皮紫釉更偏紫红，而隔焰窑的茄皮紫釉更接近粉色；隔焰窑的绿釉色泽更加多样，其中包括美丽的淡苹果绿，但虎皮纹的绿釉不会呈现出这种色彩。

这种釉料由燧石粉、铅和硝石混合制成，用前文所述的氧化物着色，绿、黄、茄紫三种主要颜色加上复合黑色（由透明釉料在暗黑褐色颜料上水洗形成）和纯度较低的白色，据殷弘绪说，这种白色由燧石粉和白铅粉制成。

插图 21 展示了这类瓷器的几个样品。其中一个是八仙之一钟离权像，其形象庄重，衣袍施黄釉，底座施茄紫釉；另一件是稀奇的香炉，沿用汉代青铜器设计，器身施绿釉，头施黄釉，细节用茄紫釉上

1　1722年卜士礼信件的第十四节。

2　参见霍布森，《明代器物》，第147页。

色。还有一件是主宰文章兴衰的神——奎星，站在鳌鱼头上。他身后是空心的岩石，似乎是用来烧香的，岩石颜色是绿、黄、茄紫、白组成的虎皮纹类的杂色。其怪诞丑陋的躯体肌肤由茄紫釉绘制，帷幔、龙与底座均施黄釉。这些瓷器的釉色都精美绝伦，在致密的素烧瓷坯上，它们具有抛光玉石的光泽。其他彩釉的样品还有插图42的精美玉兰形砚滴，花瓣呈青白色，茎呈茄紫色；还有插图7的鸭子与荷叶形砚滴，瓷杯外黄内绿，鸭身施虎皮纹。

第七章 雍正瓷器（1723年至1735年）

康熙的第四子有效维护了清朝统治，他在45岁时继位，年号雍正。他的统治稳固公正，当他兄弟们的叛乱行为危及国家福祉时，他果断对其施以最严厉的惩罚。但这一不幸之事与我们的主题无关。雍正即位之前，便对瓷器制造展现出兴趣，但瓷匠们对此不太在意。殷弘绪告诉我们，那时雍正下旨烧造"一座巨盏，灯光要能照亮整个房间"，此外，还有许多乐器，其中一些被证明是无法制造的。皇帝的旨意是对瓷匠能力的检验，通常也意味着巨大的困难。然而，这件事发生在雍正登基的十八年前，他在统治期间所做的两项明智的决策足以抵消这个命令造成的损失。大约在1723年，雍正任命年希尧管理御窑厂，当时年希尧正任淮安府板闸关税务官员，总管御用瓷器资金。[1]1728年，雍正命其弟怡亲王（胤祥）亲自向著名督陶官唐英宣布，任命其为御窑厂副总督。

在年希尧的监管下制作的瓷器在《景德镇陶录》中被统称为年窑瓷器，我们得知年希尧的职责是挑选材料，监督御窑厂，确保完成圣上命令。瓷器每月两次运往年希尧的闸关，由他转交给皇帝。这些瓷器被描绘得极其精致："琢器多卵色，圆类莹素如银，皆兼青、彩，或描锥暗花玲珑诸巧样。仿古创新。实基於此。"

我们可以推断，相比担任淮安府板闸关税务官员，年希尧在担任督陶官时更好地发挥了对瓷器的浓厚兴趣。而且我们知道，从1728年起，他得到了唐英的巨大帮助，唐英亲自研究了所有的瓷器制造工艺。

但是，从谢敏（1729年至1734年任江西总督）编撰的关于御窑厂使用的宫廷装饰品的清单中，可以得到更多关于雍正时期御用瓷器的启发。[2]以下是全文引用，我们将会看到"仿古"确实很受重视。实际上，我们得知，许多仿制品都是根据古代瓷器样品制作的，这些样品是特意从宫廷收藏品中挑选出运来的。

铁骨大观釉：有月白、粉青、大绿三种。

铁骨哥釉：有米色、粉青两种。

---

1 卜士礼指出，皇帝直到1726年才做出委派年希尧的决定，但《景德镇陶录》把这件事放在了雍正统治时期的开端。

2 刊登在《江西通志》第九十三卷，第11—13页，卜士礼译于《东方陶瓷艺术》，第368—390页。原书主要采用卜士礼的译文。

第七章
雍正瓷器（1723年至1735年）

铜骨无纹汝釉：釉色仿宋器猫食盆、人面笔洗。

铜骨鱼子纹汝釉。

白定釉：仅仿粉定一种，未仿土定。

均釉：除仿内发旧器五种外，新得四种。

仿宣窑霁红：有鲜红、宝石红两种。

宣窑霁青：色泽浓红，有橘皮棕眼。

仿御窑厂官釉：有鳝鱼黄、蛇皮绿、黄斑点三种。[1]

龙泉釉：有浅、深两种。

东青釉：有浅、深两种。

仿米色宋釉：系从湘湖宋窑遗址觅得瓦砾，故仿其色泽款式。

粉青色宋釉：其款式色泽同米色宋釉一时觅得。

仿油绿釉：系内发窑变旧器，如碧玉光彩中斑较古雅。

炉均釉：色泽在广东窑与宜兴挂釉之间，而花纹流淌变化过之。

欧釉：有红、蓝款识两种。

青点釉：仿内发广窑旧器色泽。

月白釉："色微类大观釉，白泥胎。无纹，有浅、深两种。"

仿宣窑宝烧：有三鱼、三果、三芝、五福[2]四种。

仿龙泉釉宝烧：同上，"国潮新制。"

翡翠釉：仿内发素翠、青点、金点三种。

吹红釉。

吹青釉。

仿永乐窑脱胎素白锥拱等器皿。

仿万历正德窑五彩器皿。

仿成化窑五彩器皿。

宣花黄地章器皿。

法青釉："系新试配之，釉较霁青浓红深翠，无橘皮棕眼。"

仿西洋[3]雕镂像生器皿："五拱盘碟瓶盒等项，画之渲染亦仿西洋笔意。"

仿浇黄锥绿花器皿。

---

1 这些都是康熙时期的釉料。关于宋代和明代瓷器类型的解释，请参考本系列书的前两卷。宋瓷类型是在第1—6、10—14和18条中提到的；明瓷类型是在第7、8、15—17、19、24—27、41—43条中提到的。

2 五福由五只蝙蝠代表：一曰寿，二曰富，三曰康宁，四曰攸好德，五曰考终命。

3 本书中，西洋泛指欧洲。——译者注

仿浇黄器皿：有素地、锥花两种。

仿浇紫器皿：有素地、锥花两种。

锥花器皿：各种釉俱有。

堆花器皿：各种釉俱有。

抹红器皿[1]：仿旧。

彩红器皿[2]：仿旧。

西洋黄色器皿。

西洋紫色器皿。

抹银器皿。

彩水墨器皿。

仿宣窑填白器皿：有厚薄大小不等。

仿嘉窑青花。

仿成化窑淡描青花。

米色釉："与宋米色釉不同"，有浅、深两种。

釉里红器皿：有通用红釉绘画者，有青叶红花者。

仿紫金釉：有红、黄两种。

浇黄五彩器皿："此种系新试所得。"

仿浇绿器皿：有素地、锥花两种。

洋彩器皿：在新的仿西洋画珐琅山水与人物作品中，花草虫蝶无一例外具有鬼斧神工般的美丽与光泽。

拱花器皿：各种釉水俱有。

西洋红色器皿。

仿乌金釉：黑地白花、黑地描金两种。

西洋绿色器皿。

西洋乌金器皿。

抹金器皿：仿东洋[3]。

描金器皿：仿东洋。

描银器皿：仿东洋。

厂官釉大缸："口面径三尺四五寸至四尺；高一尺七八寸至二尺。釉色有鳝鱼黄、瓜皮绿、黄绿点三种。"

从这份清单中可以看出，单色釉瓷在雍正瓷器中占很大比重，其中许多是对宋明旧器的有意模仿。这些宋明旧器包括青瓷、青灰釉瓷、哥窑裂纹灰釉瓷与淡黄釉瓷、官窑裂纹紫釉瓷与月白釉瓷，以及斑驳的钧瓷。不过，如果不通过雍正年号来鉴别这些瓷器，则可以通过景德镇的白瓷胎与这些瓷器进行区分，尽管在一些仿制

---

1 抹红器皿的铁红瓷地经刷釉而成。尤摩弗帕勒斯收藏品中的一件瓷碗就是这种类型。瓷器外表有镶嵌在红地上的浮雕，刷痕清晰可见。

2 彩红器皿在白地上用铁红绘装饰。

3 清代以来，因日本在中国之东，故称为东洋。

第七章
雍正瓷器（1723年至1735年）

品中（例如官窑瓷器与哥窑瓷器），旧的深色瓷胎边缘是用一种深色的含铁黏土敷料仿制的。这种敷料很容易辨认。定窑白瓷的精美仿制品用的是已经在康熙白瓷胎中谈论过的浆胎瓷。明代瓷器的收藏家们对永乐薄胎瓷的精美仿制品很熟悉，他们会辨别出许多其他单色釉，如上一章所述的铜红、吹红、洒蓝、松石绿、乌金、鳝鱼黄、瓜皮绿和黄斑点。如果没有真正的款识，就很难区分这些器物属于康熙时期还是雍正时期，我们必须主要依靠器物的外形和色泽做出判断。我们从《景德镇陶录》中赞颂唐英功绩的一段话中得知，新的单色釉瓷几乎都是唐英督陶时期创烧的，因此可以确定这些瓷器是1728年之后制造的。这些瓷器为西洋紫黑瓷、景泰蓝瓷、天蓝釉瓷和窑变釉瓷。窑变釉是著名的火焰釉或杂色釉，由铜制成，釉面上红点四溅，布满紫、蓝和灰色条纹。窑变釉瓷曾在制作郎窑红的过程中误烧出来，但这种瓷器在当时被视作失败的作品。现在，瓷匠们掌握了随心烧制窑变釉的方法，窑变釉瓷也像裂纹釉瓷一样，成为了贸易往来中的重要部分。这一点可以从那些极其古怪的瓷器中看出来，如施有斑驳的火焰纹的青花瓷。另一种偶尔与雍正年号相关的新釉是茶叶末釉，这是一种带有不透明茶绿色斑点的褐釉或铜绿釉。这种单色釉瓷如今在美国广受赞誉，却普遍被认为是乾隆时期的特色。卜士礼将西洋黄釉面解释为柠檬黄釉面，是在隔焰窑中烧制的不透明彩釉之一。锥拱设计是许多单色釉瓷的基础，特别是中温釉，如绿釉、茄紫釉与黄釉。清单中提到的"仿浇黄锥绿花"是著名的明代瓷器，在康熙时期也有仿制品。

回到青花瓷，我们发现普通瓷器保留了康熙青花瓷的传统，但很明显，青花瓷已经过时了，如今在制造上也不那么精心了。如今的蓝彩缺乏精美的康熙青花瓷的深沉与纯净，倾向于放弃分水渲染而改用画笔上色。另一方面，人们在仿制明代青花瓷上花费了很多心思，如宣德时期的青点釉，还有正德时期瓷器特有的浑浊的轮廓与厚重的涂层。通过这份清单我们还得知，嘉靖年间的深紫回青与成化年间的淡描青花也被仿制。此外，根据一些有款识的瓷器，我们发现坯泥、釉面，甚至是典型明代器物的圈足都被精心仿制，要区分做工精细的雍正时期仿制品（包括青花瓷与彩瓷）与明代真品相当困难。块滑石青花瓷也没有任何脱落的现象。事实上，随着普通青花瓷的衰落，雍正和乾隆时期的瓷匠似乎都将注意力集中在以下这种精巧的器物上了。

谢敏的清单中提到的"宣花黄地章器皿"无疑指黄地绘青花的瓷器。至少我们可以通过大英博物馆的一件瓷盘得出此推论，这件瓷盘标有宣德年号。同一清单下的三个标题都提及了釉下红彩。其中之一是釉里红，包括红色纹饰与"青叶红花"，这两种类型众所周知，而且如上文所述，釉里红在雍正、乾隆时期大获成功。另外，釉里红在宣德时期叫作宝烧（宝石红），装饰由"三鱼、三果、三芝、五福"组成，以五只蝙蝠为象征。宣德年间精致的高足杯上绘有三条红色的鱼，与白地形成鲜明对比，这种类型的瓷器很常见，而且很容易联想到其他类似的设计。[1] 第三次提及釉里红是龙泉釉宝烧，装饰同上，我们得知这是"国潮新制"。我们已经注意到，青釉似乎是尤其适合画釉里红的介质，在现存瓷器中，红色在青瓷绿釉的衬托下最显鲜亮明艳。在一些非常漂亮的瓷器中，同样的工艺得以更广泛运用，在青瓷上施白釉再绘青花釉里红。由此我们再

转向另一种精美器物，淡紫地上绘类似纹饰。这两种花瓶偶尔会配有古老的法式镀金底座。

但最明显的变化在彩瓷上。雍正时期是彩瓷的过渡时期。此时五彩瓷已经过时了，尽管它还在苦苦挣扎；而新的不透明彩瓷——粉彩瓷正日趋完善。但古老的半透明彩瓷仍然出现在明代瓷器的仿制品中，谢敏的清单中就特别提到了正德瓷器与万历瓷器。万历时期常见的五彩瓷是将釉色与青花结合的，但也有"红绿"系列，不用蓝色。此外，还有只用红色装饰的瓷器。

成化时期的传统是用浅色彩料（青花可有可无）进行精细绘制的，雍正时期这类瓷器的优秀仿制品众所周知，但它们还都标有成化年号。由此也能获悉，雍正瓷器的典型纹饰是从仿成化瓷器中的纹饰衍生出来的。这种设计先用青花绘纹饰，再覆一层透明釉料轻轻渲染。这种独特的雍正风格的彩绘方法如插图52的图1所示。

但是，与同时期的粉彩瓷相比，这种类型的瓷器很少。谢敏的清单中提到的西洋色彩指粉彩瓷中的不透明彩釉，通常称为软彩或洋彩。唐英在《陶冶图说》

---

[1] 参见霍布森，《明代器物》，插图3。

插图52

图 1

图 2

| 图1　盖碗 |
梅花与鸟用青花绘制，覆淡五彩薄涂层；边缘描金
雍正款识
口径 7.5 英寸
大英博物馆，弗兰克斯收藏品

| 图2　康熙伊万里风格瓷盘 |
用青花与黑色等彩料绘制
直径 11 英寸
大英博物馆，弗兰克斯收藏品

中将洋彩解释为"画之渲染亦仿西洋笔意"。他补充说,洋彩所用颜色与金属器上绘珐琅彩的颜色相同。珐琅运用在景泰蓝或广州制造的彩瓷上,中国人认为广彩瓷源自西方[1],这可能是指由商人和传教士带到中国的法国彩绘珐琅器。我们知道,这种新奇的器物在宫廷里很受欢迎。但无论如何,它都不可能是指这一时期的欧洲瓷器甚至陶器,因为在釉上彩绘方面,欧洲瓷匠只会跟随中国人的步伐,而不会引领中国工艺。谢敏的清单中第29项"画之渲染亦仿西洋笔意"也许意味着,正如希普斯理所认为的,耶稣会艺术家,如格拉迪尼(Gherardini)与贝尔维尔(Belleville)的绘画被送往御窑厂,复刻到瓷器上。

在康熙晚期瓷器上,存在于粉彩中的两种颜色,也就是不透明的砷白色和从黄金沉淀物(紫金粉)中提取的玫瑰彩。但这种玫瑰彩较为单薄,尚不完善,粉色较暗,并没有为粉彩瓷增添多少吸引力。但现在,这种颜色发展成了红宝石、玫瑰红与胭脂红的色调,成为了粉彩瓷的主要颜色,中国人将其统称为胭脂红。粉彩瓷家族的其他成员——蓝彩、绿彩、黄彩——釉料是由相同的金属氧化物(钴、铜、铁和锑的氧化物)衍生出来的,这些氧化物是五彩瓷的呈色剂。但粉彩瓷大多是不透明的,除基本色调外,还囊括了各种各样的混合色调。因此,玫瑰彩与白色结合,产生粉红或浅粉,玫瑰彩与白色和蓝色结合,产生紫红或青莲色。松石绿色由白色与绿色混合而成;增加助熔剂的含铅量使普通的叶绿色变深,添加钾盐则使之变蓝。叶绿色与黄色结合,形成不透明的黄绿色(古绿);在白色中加入一点绿色,形成非常淡的绿色,被称为月白。其他用于混合的颜色还有紫色、浅灰色和像尼罗河水一样的深绿色(可能是谢敏的清单中的"西洋绿")。五彩中常见的淡铁红色仍有使用,它也与玻璃质的助熔剂混合,形成厚重的枣红色。同样,构成康熙黑彩瓷底色的干褐色颜料与助熔剂混合,形成"西洋黑"。

我们看到,很多洋彩都包含在唐英1728年后制作的创新作品中,但我们有证据表明,粉彩瓷工艺在那之前就已经很成熟了。大英博物馆收藏的一只碗,外施玫瑰釉,内白地绘有一束典型的雍正风格

---

[1] 中国人说广彩瓷来自卡利卡特,这显然意味着它们是从印度海岸的贸易站进口的,除此之外,就没有其他来源了。

第七章
雍正瓷器（1723年至1735年）

的粉彩花卉，青花书干支纪年"又辛丑年制"。[1] 而辛丑年，即干支周期的第三十八年，在康熙六十年，即1721年再次出现，考虑到这件瓷器可能在首次烧制后隔了一段时间才上釉，我们可以推断这件作品与其配套碟子的装饰绘制的时间不晚于雍正早期。

景德镇制作的雍正彩瓷通常装饰得极为精致优雅。在广阔的白瓷背景上，艺术性地绘有花簇与花枝，常有虫鸟相伴，图案均衡，瓷器的美感得以充分发挥。但还有一大批雍正时期与乾隆早期制作的粉彩瓷，几乎都是用洋彩绘制的。这些粉彩瓷由广州彩瓷厂的画师装饰，他们也在铜胎上画珐琅，因此粉彩瓷与珐琅器上有同样的设计和色彩。现存的瓷器通常质量上乘，薄如蛋壳，由景德镇的瓷匠制作瓷体，再由广州的画师装饰，专供与广州工匠有联系的外商。通常在瓷器中间绘开光，开光内绘中国风格的装饰，包括仕女与孩童、花瓶与家具、花篮或果盘（插图53）；或绘石上雉鸡、鹌鹑禾黍、雄鸡牡丹或其他固有的主题。中间的纹饰被色彩丰富的重复图案包围，图案呈六边形或方形、菱形、格子状、编席状等，被花卉、风景或龙纹浮雕隔开。一些瓷盘的边框图案多达七种（插图53）。这种瓷器种类繁多，有时，只用单色上釉，如蓝色或黑金色；有时，复杂的边框会被精致的描金、单独的粉红或点缀的花朵取代。瓷盘侧面与边缘常施粉红与胭脂红，这是一个不变的特点，所以这种瓷器常被称为红宝石背盘。还有杯、碟、茶壶和整套餐具，其粉红瓷地，或被对称的彩绘开光隔开，或以画卷、扇子、树叶、水果的形式保留。同样的纹饰也被更多地应用在各种形状的花瓶上，但在此又会提及销往欧洲的瓷器，因为它们通常是由三件盖罐和两件饮器组成的壁炉套装。在J. B. 乔尔收藏的这些精美套装中，有一件瓷器的彩图在插图54中有所呈现。

将这批粉彩瓷与广州作坊联系起来的证据已广为人知。在设计和绘画风格上这批粉彩瓷与广东珐琅彩明显相似，除此之外，它们还都使用了同一画家的设计。白石签名的画就是例证，大英博物馆收藏的一件著名的红宝石背瓷上的白石签名与"岭南绘者"一同作为铭文，说明这是广州的画。另一件器物上，绘有白石画作的瓷盘对应的干支纪年是甲辰年（1724年），由于这些铭文属于装饰，我们只能假设这

---

[1] 《大英博物馆远东陶瓷指南》，第89页，图127。

插图53

图 1　　　　　　　　　　　图 2　　　　　　　　　　　图 3

| **图 1　雍正薄胎宝石红釉盘** |

盘中开光内绘仕女孩童、花瓶等纹饰，有七种边纹，于广东施彩

直径 8.125 英寸

A. T. 沃尔上校收藏品

| **图 2　雍正薄胎宝石红釉盘** |

盘中开光内绘仕女孩童、花瓶等纹饰，于广东施彩

直径 8.375 英寸

A. T. 沃尔上校收藏品

| **图 3　宝石红釉碟** |

绘花篮，于广东施彩

雍正款识。直径 4.5 英寸

查尔斯·罗素收藏品

插图54

| 雍正粉彩盖罐（来自瓷器五件套）

深红地彩绘花卉，开光呈多种形状，内绘人物、花卉等

高17.5英寸

J. B. 乔尔收藏品（J. B. Joel Collection）

是将画复刻在瓷器上的日期。不过，这类广州瓷器的底款有一些是蓝彩书雍正年号，我们可以以此为据，证明这些样品是在本章讨论的时期制造的。然而，如果一些读者不信任中国器物纪年款，难以接受此证据，德累斯顿收藏品中的一些样品可能会使其信服。另外，大英博物馆中有一件大酒杯（插图 55，图 2），以广州风格绘制，并且有"约克与雄鸡"（Yorke and Cocks）纹章，由此可以判定这件瓷器一定是在 1720 年至 1733 年间制作的。还有一套粉彩瓷杯碟，带有 1728 年荷兰东印度公司的纹章。

在高温釉的开光中也能看到粉彩装饰。在巴达维亚瓷上，瓷地是有光泽的紫金釉；还有一些罕见的瓷器，乌金釉地绘粉彩开光。利弗夫人美术馆的一个花瓶就以乌金釉为地，粉彩绘分散纹饰，这或许能够解释"洋彩乌金"，即《景德镇陶录》中记述的唐英的创新之举，尽管这件花瓶明显是乾隆时期制造的。

谢敏的清单中第 40 项是"彩水墨器皿"，这是一种著名瓷器，图案由干黑或棕黑笔绘制，时有描金装饰。殷弘绪在 1722 年的信中提到，有人曾尝试过用中国水墨在器物上作画，但（自然）没有成功。雍正和乾隆器物的边缘常用黑色与金色装饰。红色和金色也以同样的方式装饰。这一设计有时会构成雍正时期花瓶的全部装饰。唐英担任督陶官时期官窑的一项创新之举是在釉地与纹饰上使用银色。在大英博物馆，能够看到粉彩瓷盘边缘的红色与金色装饰；在有光泽的酱釉盘上可以看到使用银色的例子，但银色很快就会变成黑色。齐默尔曼教授提到了在洒蓝器上使用银色装饰（不是普通的描银）的罕见样品。[1] 但显然，唐英只能在御窑厂引入银饰的使用，但他并不是这种方法的发明者，因为殷弘绪早在 1722 年就提到在有光泽的酱釉上使用银色装饰的器物了。

雍正粉彩瓷在欧洲最为出名的作品出自广州珐琅师之手，西方国家的收藏品中有很多例子，它们大多是专为欧洲市场制作的。其中，有些作品如插图 53 的瓷盘那样精美，但有些则稍显粗糙平庸。总而言之，若不加节制地使用装饰，效果就会适得其反。插图 56 的图 1 所示的瓷盘更真实地反映了当时欧洲人的品位，花朵盛开，蝴蝶飞舞，展现出近乎完美的瓷器之美。这件瓷盘运用了雍正时期的画师最

1　参见霍布森，《中国瓷器》，第 240 页。

插图55

图1

图2

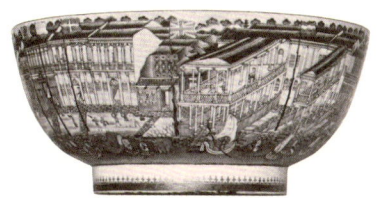
图3

| 图1　乾隆扁圆形瓶 |

"满大人"风格,以描金羽纹与红、褐、金编织纹为地,开光内绘
人物与山水;用红彩与其他彩料绘山水边饰

高 26 英寸

O. M. 道尔顿收藏品(O. M. Dalton Collection)

| 图2　彩绘啤酒杯 |

些许青花上料,绘约克与雄鸡纹章,花卉呈广彩瓷风格;外壁绘
红金边饰,内壁边缘施彩绘

于 1720 年至 1733 年间制

高 6.125 英寸

大英博物馆,弗兰克斯收藏品

| 图3　潘趣碗 |

施描金彩绘;外壁绘广东江边商行景象;内壁绘花篮与混合边饰

约为 1780 年制

口径 14.5 英寸

大英博物馆,弗兰克斯收藏品

插图56

图1　　　　　　　　　　　　　　　图2

| 图1　粉彩托盘 |

绘牡丹与蝴蝶，瓷面图案接续至瓷背

雍正款识

直径 6.25 英寸

查尔斯·罗素收藏品

| 图2　瓷碗 |

用深红等混合彩料精心绘制

乾隆款识

口径 4.625 英寸

雷金纳德·科里收藏品

插图57

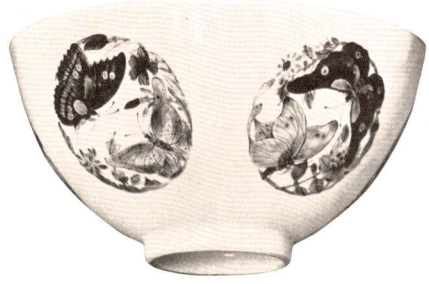

图1　　　　　　　　　图2

| 图1　雍正托盘 |

刻御龙；淡粉彩绘雉鸡牡丹；宝石红釉背盘开光描金

直径 10.25 英寸

雷金纳德·科里收藏品

| 图2　粉彩蝴蝶碗 |

五个圆形开光内绘蝴蝶

雍正款识

口径 5.25 英寸

雷金纳德·科里收藏品

喜欢的技法，画面从瓷盘背面开始，到正面结束。这类瓷盘中，也有一些尺寸极大的，上述绘画技法的卓越之处就是雍正时期最佳瓷器的款识，无论是盘、碗，还是花瓶。插图 66 的图 2 与图 3 描绘的花草也同样精美自然，虽然这两种瓷器使用的颜料是当时已过时的五彩。这种传统确实延续了不止一代，因为我们在乾隆时期的样品中再次见到了它，如插图 56 的罂粟花碗，以及所谓的古月轩瓷器。同样的技法启发了插图 57 中的瓷器：第一件出色的瓷盘上，绘有栩栩如生的雉鸡牡丹，浅浮雕御龙图案，瓷盘背面施粉红彩釉，正中间有个朴素的描金圆形开光；另一件美丽的白瓷碗上，五块圆形开光中绘有蝴蝶与花朵，将粉彩级配与混合的掌握展现得淋漓尽致。

第八章

乾隆瓷器
（1736年至1795年）

"四"显然是清代皇室的幸运数字,这次又是第四子被选为皇位继承人,而这一选择给中国带来了幸运。这位新皇帝年号乾隆,他也许是中国历史上所有统治者中最伟大的一位。当一位宽宏大量、勇敢无畏、天赋异禀的君主全心全意为国家服务时,他的统治就达到了封建王朝的鼎盛。乾隆是战争艺术的大师,同时他也是和平艺术的大师,在他统治期间,清王朝实现了最广泛的扩张。他统一了新疆和西藏,甚至印度也感受到了清政府扩张的力量。南部和西部未被驯服的游牧部落也被征服,清廷也成为了缅甸、暹罗(泰国)、安南(越南)的宗主国。同时,乾隆皇帝长期治理有方,迎来了盛世繁荣。

　　但是,说来奇怪,乾隆在见证清政府权力巅峰的同时,也埋下了腐朽的种子。乾隆在晚年犯下了致命错误,同类错误曾致使明朝灭亡。他任由大权流入不称职的亲信和珅手中,和珅的腐败与暴政令下一任皇帝极为不满。1795年,乾隆退位,以履行其继位之时的誓言,即在位时间不越皇祖康熙。但乾隆在1799年去世之前,仍然独揽大权。

　　乾隆是一位伟大的艺术品资助者,他是诗人和书法家,也是执着的古董收藏家。根据他的旨意编纂的《皇家收藏青铜器图录》堪称这方面的经典之作,在瓷器和玉器上偶尔也能看到他的诗作和充满个人风格的书法作品。他的第一项行动就是任命唐英接替年希尧,督理淮安板闸关,同时也担任御窑厂总督。御用瓷器经大运河与淮安府运至北京,淮安府坐落在大运河边,无疑是方便监督运输的好地方。但淮安府距景德镇很远,而唐英也不会满足于远程指导工作。1739年,他被调任九江钞关,九江位于鄱阳湖与长江交界处,离制瓷中心景德镇更近了。唐英的任期一直延续到1749年,在御窑厂所有的督陶官中,唐英对瓷器制造工艺最为了解。实际上,在1728年,唐英第一次被派往景德镇时,他自愿当了三年的学徒,与陶瓷工匠同吃同住,一起劳作。他是真正的陶瓷专家,如前所述,他能研究出许多新的制作方法。从他的自传和作品集中也能看出,他是陶瓷方面的权威。1736年,唐英在督理淮安板闸关之前,把八年工作中积累的实践知识整理成册,供继任者参考;1743年,他奉皇帝命令,写了一篇描述瓷器制造过程的文章,作为对皇家收藏的20幅画的评注。我们知道这些画有些是附在《景德镇陶录》后面的插图,还有12

第八章
乾隆瓷器（1736年至1795年）

幅画的复制品在大英博物馆与瓷器收藏品一起展出。此外，唐英的文章也被纳入了1774年问世的《陶说》的"说今"篇；卜士礼对这一重要作品的翻译可供英文读者参考。

《景德镇陶录》对唐英的作品有如下赞誉："公深谙土脉火性，慎选诸料，所造俱精莹纯全。又仿肖古名窑诸器，无不媲美；仿各种名釉，无不巧合；萃工呈能，无不盛备……土则白壤而埴，体则厚薄惟腻。厂窑至此集大成矣。"我们略去了记载唐英创新的条目，因为这些在谢敏的清单中已经作过评述了。唐英的清单中唯一的新条目是窑变釉，这一点将在后面解释。我们还在其他地方了解到，在唐英的特殊成就中，有古老的龙缸和宋代均窑釉的复兴，以及更为新奇的翡翠和玫瑰。玫瑰无疑是粉彩中的粉红色颜料；实际上，唐英创新的大部分釉料均属于洋彩。读者可能会问：唐英在1728年之后才开始在御窑厂工作，而我们已经看到，这些彩料早在1721年就已经使用了，那么这些颜料是如何被唐英称为创新的呢？答案是，粉彩中新的混合色是不断添加到唐英的清单中的，再说，唐英的工作只涉及御用器物。

显然，在分析乾隆瓷器时，我们将面对大量令人眼花缭乱的材料。虽然这些材料很难像《景德镇陶录》那样，用一些一般性的论断将其否定，但令人欣慰的是，大部分内容已经在讲述康熙和雍正瓷器的章节中充分讨论过了。众多单色釉瓷器大都是在谢敏的清单上的。清单中已经充分解释了仿古瓷器，此外，我们只需补充一点，由皇帝开启并传播至整个中国社会的古青铜器、古瓷器的收藏热潮，对当时的瓷器产生了强烈影响。人们自由地将古老的釉料施于古青铜器和玉器型瓷器上，在中国陶瓷发展的任何其他时期，都没有如此刻意地仿古。

关于釉彩，釉里红主要出现在赤红釉和赤褐釉上，种类繁多。一种釉里红是赤褐色斑点，像是吹上去的，另一种更少见的釉里红是渐变为深红色的浅褐红色荧光釉。奇怪的是，这种少见的釉里红通常在一种特殊器物上才能见到，这是一种罐状执壶，壶嘴细长，表面被相应的突出物保护着，这种器物让人联想到西藏寺庙的铜像。据我们所知，郎窑红釉在乾隆时期没有取得任何成就。这一时期的瓷匠在制造牛血红的过程中，对釉料的控制明显不足，红釉经常被紫、蓝、灰色条纹破坏。

另一方面，由于铜红釉在窑中受到还原性气氛的影响，可以自由产生窑变效果，而唐英的成就之一就是掌握了制成这种斑驳釉面的方法。不仅带有灰、蓝、紫、绿斑点和条纹的重赤红釉的效果出色，而且在釉面局部施以窑变釉的效果同样出色，我们在其他釉面上也看到了窑变釉的例子，甚至青花瓷上也有窑变釉。此外，还有一些复杂的釉是乾隆时期的特色：铜绿釉、铁锈釉（布满金属斑点的深红褐釉）和茶叶末釉（带有厚重的不透明茶绿色斑点的黄褐釉或铜绿釉）。据说，茶叶末釉瓷是专供皇帝的。还有很多合成的绿釉，例如，将不透明绿釉施在裂纹釉上会产生鼠尾草和山茶叶的色调。还有一些带有蛋壳标记的斑驳的釉，是将玫瑰彩釉吹在不透明的青绿釉上形成的。所谓的"罗宾蛋壳釉"（呈乳白青绿色）就属于这一类，显然，谢敏的清单中提到的炉均釉也属于这一类（插图58，图8）。

在唐英作品集的序言中，需要格外注意松石绿与玫瑰彩这两种釉料。我们确实在乾隆瓷器中发现了许多精致的松石绿釉瓷，虽然它们与康熙瓷器并无明显区别，但二者形状和胎体材料不同，乾隆瓷器的胎体材料略红，而且质地相当粗糙。质地粗糙是因为混入了含铁的土，这似乎有助于松石绿色的形成。我们还注意到，一些用混入这种土的材料制成的乾隆花瓶特别轻。

玫瑰色显然是在粉彩中使用的，实际看起来与宝石红釉盘颜色相同。我们发现玫瑰色是被用作各种深浅不一的宝石红和胭脂红的单色颜料，大多用在薄胎小花瓶上，瓷器表面有时会有颗粒或橘皮纹路。偶尔呈现出斑驳破碎的暗胭脂红，是粉彩窑变釉中的一种。

许多其他不透明的粉彩也被用作单色颜料。例如，在黄色中有一种柠檬黄[1]，颜料不透明，相当粗糙；还有裂纹芥末黄。另有蓝色颜料，例如浓重的景泰蓝和紫红或青莲色。还有一种精细的吹铁红，比普通瓷匠制作的珊瑚红更厚，更富于变化，有时被称为枣红。素廷收藏的一件小花瓶（2091号）就是这种深枣红瓷器的上等样品。还有一种不透明的青绿，接近松石绿色，偶尔能看到它做单色釉，但它更多做碗内部和花瓶口沿及底部的薄涂层。另有一种黑色颜料，在唐英的作品清单中被称为彩水黑。

---

[1] 这一时期的橙黄和硫黄更体现釉料的本质。硫黄色容易碎成有光泽的斑块。

插图58

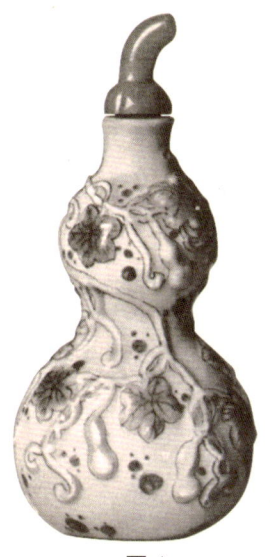  

图1　　　　　　　　　图2　　　　　　　　　图3

| 图1　葫芦形鼻烟壶 |

黄地彩绘葫芦藤浮雕；玉质盖

红彩书乾隆款识

高 3.125 英寸

O. C. 拉斐尔收藏品（O. C. Raphael Collection）

| 图2　酒瓶形鼻烟壶 |

外雕空，花卉开光内绘蝙蝠、"寿"字与莲纹；器身绘花卉；珊瑚红盖

道光款识

高 2.6 英寸

O. C. 拉斐尔收藏品

| 图3　乾隆鼻烟壶 |

狮子与幼狮形；施彩；瓷盖

高 3 英寸

O. C. 拉斐尔收藏品

| 图 4 | 图 5 | 图 6 |

| 图 4　佛手鼻烟壶 |

施黄彩，刻绿叶

高 8.25 英寸

O.C. 拉斐尔收藏品

| 图 5　乾隆鼻烟壶 |

绘手持钱币的刘海与三足蟾蜍；施彩；帽形柚木盖

高 3.5 英寸

O.C. 拉斐尔收藏品

| 图 6　双颈鼻烟壶 |

描金地绘浮雕纹饰

高 3.2 英寸

O.C. 拉斐尔收藏品

图 7　　　　　　　　　　图 8　　　　　　　　　　图 9

| 图7　块滑石白瓷鼻烟壶 |
绘十八罗汉高浮雕；瓷盖
高 3 英寸
O. C. 拉斐尔收藏品

| 图8　瓶型鼻烟壶 |
施乳白青绿釉
乾隆款识
高 2.8 英寸
O. C. 拉斐尔收藏品

| 图9　精致白瓷鼻烟壶 |
外壁镂空，刻九狮戏绣球；英式金盖
嘉庆款识
高 3.4 英寸
O. C. 拉斐尔收藏品

同样，一些最精致的乾隆单色釉瓷器的釉面享有盛誉，如天蓝釉、大青釉、淡紫釉、淡月白釉、青釉、乌金釉、紫金釉以及各种裂纹釉。中温釉包括常见的黄、绿和有光泽的茄皮紫，还有一种深紫色是北京天坛屋顶瓦片和祭祀器皿的颜色。还有一种深蓝釉，相当厚重，光泽度高，用在粉彩开光周围。像洒蓝和乌金一样，这种釉通常用描金装饰进行协调。最后是纯白釉和不透明的定窑浆胎器物，施有美丽的牙白釉。

事实上，我们所见的所有的釉面效果都来自技术精巧的乾隆时期瓷匠，他们用尽了单色釉料后，又通过模仿各种外来物质检验自己的技能。青铜器上不同的铜绿色和镶嵌的金银装饰被巧妙地模仿，景泰蓝珐琅、祖母绿玉器、朱红色北京漆器、木纹，甚至是千花玻璃都复制得极为巧妙，足以欺骗肤浅的观察者。引用《陶说》的原文是："于是乎戗金、镂银、琢石、髹漆、螺甸、竹木、匏蠡诸作，无不以陶为之，仿效而肖。"

我们在这里可能要提到黑漆瓷器，尽管它不是严格意义上的瓷器中的漆器仿制品。它更像是涂有黑漆的瓷器，风景、人物等精致的纹饰巧妙地镶嵌在珍珠母上。

这种作品大部分制造于乾隆时期，尽管一些样品可能在康熙年间就已经出现了。在瓷器上涂漆对晚明瓷匠来说也并不陌生，在19世纪的瓷器上偶尔也能看到；但在中国，这种做法远不如在日本那样普及。

乾隆青花瓷无法与康熙青花瓷媲美，但它仍然重要，足以占据唐英三幅制造过程的插图。从这些资料中，我们能够了解到，现在的钴矿是从浙江的山中开采的，大量钴矿以同样准确而重复的程序专供御用。与康熙时期相同，乾隆时期的工艺流程也包括精炼蓝彩，以及将蓝彩施于器物上，而且分工相同，唐英的描述涵盖了大部分我们已熟悉的领域。他告诉我们，若蓝彩烧制过度，就会渗入白釉中；若蓝彩没有被釉面覆盖，就会变成黑色。我们偶尔会看到一些素胎瓷器，用厚重的干黑笔画出纹饰，我们可以假设，在这里处理的蓝彩瓷器是特意不上釉的。唐英还提到一种叫做"洋葱嫩芽"的蓝色，这种蓝色"笔触清晰，在火中不会流淌，而且必须用在最精致的作品上"。这种精美的蓝色无疑用于绘制块滑石瓷器，这种瓷器现在制造得非常多，包括带有滑石的瓷体与表面涂层。涂层可以方便地区分为"浸滑石"，其优点是可以用在大尺寸的花瓶

插图59

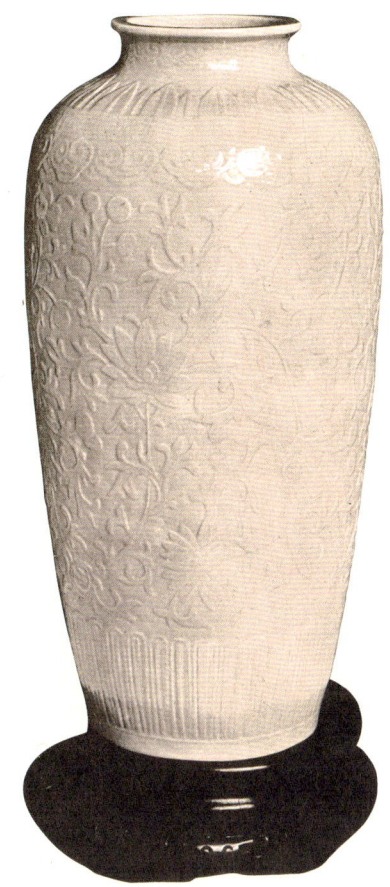

| 乾隆牙白橘皮釉灯笼瓶 |

刻菊花纹浅浮雕

高14英寸

A. T. 沃尔上校收藏品

上，我们还在乾隆青花瓷中发现了这两种瓷器的许多笔法精细的样品。其他时期普通青花瓷的设计大多借用青铜器上的图案——兽首、蕉叶和缠枝纹等，或者绘有相当密集和繁琐的花纹，通常用斑点或斑驳的蓝色纹饰，这是明初瓷器的一些特点。还有一种主要用于出口的普通青花瓷，但它们在颜色和图案上都没有什么区别。

另一方面，釉里红在这一时期取得了显著成功，瓷匠们通过处理这种困难的颜色展示他们的技巧。釉里红也会与青花结合，或与青釉和白釉结合，再次形成浅青釉面，就像雍正瓷器那样。

我们不需要过多关注乾隆瓷器的中温颜色釉装饰。这些釉与雍正时期一样，现在也在使用，有许多精致的小瓷碗，黄地绘绿龙，或紫地绘黄龙，或其他组合，它们都属于乾隆时期，尽管其中许多器物都标有康熙年号。但有一种颜色釉器物，是乾隆时期特有的。[1] 它通常呈花瓶状，仿照青铜器的设计，配有象头耳和浅浮雕装饰，或者有雕刻的轮廓，施有光滑流畅的釉，釉色有浓黄褐色、叶绿色、茄紫色、

白色和生动的蓝色，蓝色也许是这件器物最突出的特点。插图 60 的印盒就是用的这种风格的装饰。

乾隆初年，粉彩瓷的流行达到了顶峰，其他各类多色瓷与彩绘瓷与种类繁多的粉彩瓷相比，都显得微不足道了。《陶说》的作者清楚地告诉我们，洋彩在他所处的时代依然盛行（《陶说》于 1774 年问世）："陶器彩画盛于明，其大半取样于锦段。写生仿古，十之三四。今瓷画样十分之，则洋彩得四，写生得三，仿古二，锦段一也。"实际上，洋彩的比例，即我们所解释的粉彩装饰，与其他彩绘瓷相比，更接近八成。因为现在五彩瓷几乎不存在了，除了青花和釉里红，几乎所有彩绘图案，无论是写生还是织锦，都是画在粉彩瓷上的。《陶说》的作者可能区分了广州瓷器，如宝石红釉盘等——这些瓷器既具有典型的广州特色又吸收了西方的艺术精华，和绘有中国传统纹饰的瓷器。至于纹饰，粉彩瓷中的写生纹饰并不少见，有风景、花草和鸟类，典型的例子有法国人所称的"百花"，还有代表景观中有许多鹿的"百鹿"[2]，以及典型例子为数不多的"百

---

[1] 参见霍布森，《中国陶瓷》，第二卷，插图 124，图 2。

[2] 可见晚明画家文徵明的画作。

插图60

图1　　　　　　　　　　图2

桌案文具

| 图1　小型香盒 |

外施深珊瑚红釉，绘描金装饰；内施松石绿釉；盖把呈灵芝形

金彩绘乾隆款识

高 2.375 英寸

大英博物馆，弗兰克斯收藏品

| 图2　乾隆印盒 |

侧面穿孔；黄地绘碧蓝回纹；狮子形盖施黄绿釉

高 2.75 英寸

大英博物馆，弗兰克斯收藏品

图 3

图 4

| 图 3 画卷形墨床 |

绘青花与粉彩

19 世纪制

长 3.5 英寸

大英博物馆,弗兰克斯收藏品

| 图 4 康熙马形镇纸 |

釉下彩;鬃毛和马尾施茄紫釉;底座明面施绿釉;
底座与马颈部的环未上釉的部分施红彩

长 5.25 英寸

大英博物馆,弗兰克斯收藏品

第八章
乾隆瓷器（1736年至1795年）

鸟"。织锦图案经常出现在边缘和紧密的缠枝花卉间，蔓延在黄色和粉色的瓷地上，是乾隆时期粉彩和珐琅彩瓷特有的装饰。

对粉彩的描述已经很全面了，乾隆时期的粉彩几乎没有什么新特点，如果非要说的话，它们会使用一些混合色彩呈现明暗色调，有几分欧洲风格。比如，人们可以看到花瓣渐变的颜色与岩石和山丘的渲染。但也有一些新的装饰风格值得注意。例如，小的花瓶、碗、盘的表面有时会施一层不透明彩釉，包括粉釉、黄釉、绿釉、蓝釉、紫釉或灰釉，釉上刻满羽毛般的涡卷形。这种称为编织纹的装饰，偶尔出现在单色釉瓷上，但更多时候，瓷地会被彩绘的花朵或嵌入的纹路或绘有纹饰的圆形开光隔开。插图62展示的带有这种装饰的花瓶，是以西结收藏品（Ezekiel Collection）中的一件。素廷收藏品中也有一件精致的瓷器，粉色瓷地上绘有立体彩色花朵。还有一类用这种装饰的瓷碗，在不透明的瓷地上绘圆形开光、编织纹或其他纹饰，这类瓷器被称为"北京碗"，是专为皇宫制作的，并送往北京，但仅凭名称不能断定它们就是在都城制造的。圆形开光中常绘花纹、风景或人物，但所绘人物明显是欧洲人的也并不罕见。"北京碗"在随后的统治时期依旧被制造，道光年间的一些"北京碗"最为精美。另一种形式的编织纹偶尔会出现在碗碟上，表面施一层淡青白釉，并刻有整齐的波浪纹。这种白釉有时会呈现出奇怪的褶纹，或泛苍白；而当其用作底色时，通常相当有光泽。还有一种类似的不透明白色颜料用于描画碟子边缘精致的花边，以及碗侧面的花纹等。

乾隆瓷器上，铁红的珊瑚色或砖红色的妙用很多。瓷面大部分都是这种颜色，有时呈粉状质地，代表其经喷吹而成。它也被用作彩绘圆形开光的底色（插图63），和其他底色一样，这种底色也需要描金装饰来平衡。现在描金和描银装饰比过去出现得更为频繁，黑色与金色、红色与金色用于绘制精致的花纹，使整个铜绿釉面与青釉面都有紧密的描金花纹。碗盘边缘，金色常常取代有光泽的褐色。各种各样的黑色也出现在彩釉装饰中，特别是洋彩黑，将彩绘颜料与助熔剂混合，像普通的彩釉一样使用。这种黑色会与粉彩颜料结合使用（插图64，图1），黑色通常作为瓷器底色，瓷面镶嵌彩釉纹饰。五彩中的黑色由干黑彩绘颜料施绿色薄涂层而成，

插图61

| 天球瓶 |

混合彩料绘桃树，硕果满枝

乾隆款识

高 20.25 英寸

雷金纳德·科里收藏品

插图62

图1

图2

图3

| 图1　乾隆广口长颈瓶 |
编织纹地绘假山、百合
高10英寸
以西结收藏品

| 图2　乾隆撇口观音尊 |
黑地绘花纹，施透明绿釉薄涂层
高8英寸
约书亚女士收藏品

| 图3　彩瓷碗 |
黄地环饰白鹤、绿云、岩石与波浪纹
蓝彩书雍正款识
口径5.875英寸
A.T.沃尔上校收藏品

插图63

图 1

图 2

| 图 1　乾隆葫芦形花瓶 |

金地绘红蝙蝠；粉彩丝带环绕葫芦腰

高 13.5 英寸

以西结收藏品

| 图 2　珊瑚红粉彩观音尊 |

开光内绘道教人物——西王母与凤凰等纹饰

约为 1800 年制

高 17.5 英寸

尤摩弗帕勒斯收藏品

插图64

图 1

图 2

图 3

| 图 1　撇口扁圆形瓶 |
黑地彩绘僵硬的牡丹纹浅浮雕
刻乾隆款识
高 5 英寸
A. T. 沃尔上校收藏品

| 图 2　花瓶绘七个孩童浮雕 |
松石绿地彩绘花簇
红彩书乾隆款识
高 9.5 英寸
以西结收藏品

| 图 3　八方粉彩笔筒 |
松石绿釉包围乾隆款识
高 4.125 英寸
雷金纳德·科里收藏品

这种黑色也会在一定范围内使用，一般用于一种特殊装饰，黑色瓷地上保留紧密的花纹，整个瓷器表面，无论是黑色部分还是白色部分，都施有绿色薄涂层（插图62，图2）。

虽然我们习惯说"中国瓷器"，好像所有瓷器是统一的整体，但实际上，瓷器制造原料上有许多差异。其实我们已经注意到了一些，如块滑石瓷器和浆胎器物，以及为适应不同类型的装饰对釉面进行的操作。例如，研究中国的鼻烟壶，就会发现其器身和釉料的种类之多，令人惊奇。在这些瓷器中，人们很难不注意到一种外表柔软、器身光滑的玻璃白瓷。这似乎源自一次尝试，人们试着效仿一种特殊的不透明玻璃器，这种玻璃器是在北京的御窑厂制造的，由一位胡姓艺术家督造。汉字"胡"由"古""月"组成，因此，胡氏的堂号为古月轩。古月轩玻璃上有时施彩釉，柔软的赋形剂赋予它特殊的精致感。皇帝十分欣赏这种器物，希望在瓷器上能够产生同样的效果，唐英为满足皇帝的要求，就制作了这种特殊的玻璃器物。[1]

实际上，仿制的瓷器不仅模仿了古月轩玻璃的材料，还模仿了所谓古月轩风格的彩绘装饰，其花纹、人物、景观有时具有欧洲风格，用柔和、细腻的粉色颜料或混合彩色颜料绘制。绘画技法相当精湛，画中的明暗变化非同寻常。

古月轩彩瓷在今天是非常罕见且昂贵的。希普斯理收藏品中有一件画有竹林七贤的小笔筒，在《中国陶瓷》一书中有所说明，以西结收藏品中也有一件。带有深褐色的岩石、栩栩如生的花卉和白袍秀士的景观似乎是这种彩绘玻璃器物上最受欢迎的图案，而仿古月轩瓷器应该在极其精美的玻璃白瓷上再现这些装饰特点。我们有幸用插图65的图1进行说明，这是一件小型蒜头花瓶，置于桌案上，可能是海外最佳器物的样品。这件器物的每一处细节都非常完美，器身、釉料质量上乘，岩石、海棠花、鸢尾花和飞舞的昆虫图案简单，画法生动，着色精细，工艺精湛。带有艺术家印章的一首诗使这幅画作更加完整，淡紫彩书乾隆年号。

插图41的茶壶也是玻璃质地的白瓷，图案更大，但绘制的精细程度丝毫不减。它也带有一首诗与一个印章，还有乾隆年号。插图66的图2和图3中，清透的瓷

1　古月轩瓷属雍正及乾隆时期瓷器。

插图65

图1

图2

| 图1　古月轩风格蒜头瓶 |

器身纯白透亮，用多种彩料绘岩石、海棠花与鸢尾，
另有昆虫，附带诗文，以及两枚印章

淡紫彩书乾隆款识

高3.6英寸

P. 大维德收藏品

| 图2　古月轩风格斗笠碗 |

精美象牙白瓷身，混合彩料绘岩石、牡丹、梅花与其他花木，
另绘三只羊，表示三阳开泰；外壁题诗，
附带印章两枚，其中之一读"祥庆"

淡紫彩书"乾隆年制"，外围方框

口径5.5英寸

A. T. 沃尔上校收藏品

体和凸起的彩绘表明，它们也属于古月轩瓷器，这些图案虽然漂亮，却不是严格意义上的古月轩风格或釉彩。

另外，我们也有一些样品明显遵循了古月轩绘画风格，但瓷体却与原来的玻璃没有明显关联。插图 67 的精美花瓶施有橘皮釉，风景、牧羊女与羊群的彩绘符合古月轩风格。这幅画的构图具有明显的欧洲特色，体现在人物的姿势、表情与画面整体布局上，因此不得不说，这是中国人对欧洲纹饰的诠释。但确实也有人猜测，这幅画[1]是一位耶稣会士的作品，如格拉迪尼（Gherardini）和贝尔维尔（Belleville），但这只是猜测。

插图 65 中，象征春天归来的三只公羊，还有一块岩石与花朵构成这件精致瓷碗的装饰，为沃尔收藏品（Warre Collection）中的一件。纹饰以古月轩风格绘制，但器身呈独特的象牙白色，极为少见。同样，插图 68 的图 1 中笔筒的开光一定是古月轩风格的，其中身穿白袍的身材高挑的人物与古月轩玻璃上的设计相似，但器物是普通的乾隆器型。

古月轩风格的影响时间并不短暂，它跨越乾隆统治的漫长时期，我们可以在 19 世纪较好的彩瓷中见到这种风格的瓷器。实际上，在后来使用旧设计的时候，瓷器上的装饰与乾隆时期的装饰没有什么区别，就像以西结收藏品中的道光瓷碗那样。事实上，我们似乎应该把玻璃质地的瓷器归类于最初形成的类型，而那些普通质地的瓷器则是这一系列中较为新鲜的类型。

古月轩风格的玻璃质瓷器不只有彩绘纹饰。偶尔能看到用细笔绘制的青花图案，也能看到一种特殊的"刺花"纹饰。这种纹饰已经描述过了，图案是刻入瓷体的，切痕处搓进一点蓝色，再整体上釉，最后在釉下呈现出淡蓝色的装饰效果。

为便于理解，我们将提到两种起源于乾隆时期的特殊纹饰。一种是"针织"，另一种是"玲珑"[2]。针织纹饰通常是紧密的花纹，深深雕刻在器身上，器物整体施淡绿釉。釉层填充雕刻图画，凸显了雕刻纹路，在光下，图案呈现出半透明质地。这类瓷器中凡有款识的一般都是乾隆年号，

---

[1] 利弗夫人美术馆里有一对花瓶，纹饰是牧羊人和仙子般的女士，似乎是与某种欧洲田园牧歌主题的呼应。

[2] 原文为"rice-grain"，玲珑瓷首先需要在坯体上镂出米粒形状的通孔，这种装饰由此得名。——译者注

插图66

图 1

图 2

图 3

| 图1　圆锥形五彩酒杯 |

绘李白望庐山瀑布

成化款识，但为 18 世纪早期制作

口径 2.75 英寸

查尔斯·罗素收藏品

| 图2　乾隆清透薄胎五彩瓷杯 |

绘梅花与鸟

蓝彩书"梅花馆制"底款

高 3.375 英寸

查尔斯·罗素收藏品

| 图3　清透薄胎钵 |

绘梅花图案

淡紫彩写字款

口径 3 英寸

雷金纳德·科里收藏品

插图67

| 乾隆橘皮釉花瓶 |

以古月轩风格绘山水、民女牧羊，做工精致

高 12.5 英寸

雷金纳德·科里收藏品

插图68

图1

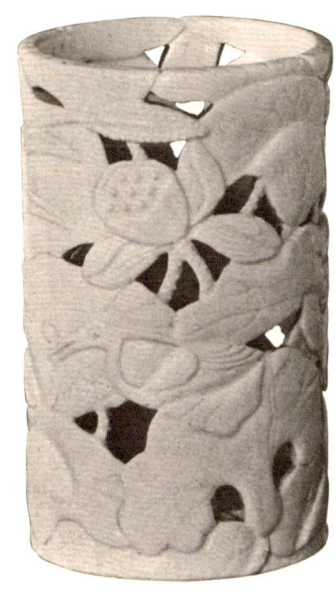

图2

桌案文具

| 图1　方形笔筒 |

边角有凹槽；黑地绘"古月"风格开光

乾隆款识，外围松石绿框

高 3.25 英寸

雷金纳德·科里收藏品

| 图2　乾隆白瓷笔洗 |

施橘皮釉，镂空纹饰，绘荷花与鹤

高 3.375 英寸

A. T. 沃尔上校收藏品

图 3

图 4

| 图3 笔床 |

呈松鼠栖栗枝形，镂空纹饰；施松石绿釉

约为1800年制

长 4.5 英寸

大英博物馆，弗兰克斯收藏品

| 图4 乾隆笔床 |

呈玉扣形，雕古龙，釉色近似宝石绿

长 3.375 英寸

大英博物馆，弗兰克斯收藏品

第八章
乾隆瓷器（1736年至1795年）

但也有罕见的例子，标有宣德年号。而在记述明代瓷器的内容中并没有提到这种装饰，因此这种"针织"瓷器上的明代款识很可能是伪造的。"玲珑"纹饰则更进一步，其图案是通过切割出大小和形状与米粒相似的小段瓷体镂雕形成的。在此基础上运用普通的白釉，使其在器物上流淌，透明釉料填满孔隙，这样在光下，就能透过透明小窗看到里面的设计。玲珑纹饰通常辅以青花，有时也辅以彩绘纹饰。这种器物上多标有乾隆年款，但它们在后来的统治时期也有制作。大英博物馆中的一件精美样品用蓝彩刻陶工王胜皋的名字，对应的年份是1798年（嘉庆三年）；另一件样品有慎德堂道光款识。当时，虽然玲珑纹饰在中国是一种创新，但早在12世纪，波斯和叙利亚的瓷匠就已经使用这种纹饰了。

在处理精致的镂空和浮雕方面，乾隆瓷匠也并不落后于前辈。我们可以看到精细的镂空开光花灯、多孔香料盒、边框透雕的瓷盘、转心瓶、挂在瓷链上的香薰球、镂空开光与模塑镶花的茶壶，以及色彩逼真的莲花形状的茶具。此外，还有各种立体的造型，包括人、神、兽、鸟，以典型的乾隆彩绘工艺进行装饰；还有桌案上的精致小物件，铸成了各种古怪的形状。

再看更精细的乾隆瓷器，尤其是御用瓷器，以及为那些更为挑剔的中国鉴赏家制造的瓷器，可以确定的是，中国瓷匠在这一时期的技艺达到了顶峰。我们是否对这些完美的作品给予像那些影响更为显著和广泛的明代瓷器和清代康熙瓷器一样的仰慕，只是品位的问题。很多人很快就厌倦了粉彩的柔和色调和精巧设计，而将目光转向了更豪迈、不令人腻烦的早期器物。他们也发现，早期器物的装饰效果更耐人寻味。另一方面，乾隆时期的仿古瓷器太过精致，难以令人信服，这些瓷器的造型相当不自然，与陶工的转轮上自然呈现出的简单雅静的形状形成了鲜明的对比。因此，乾隆瓷器装饰总体上与其说是漂亮的，不如说是精致的，工整和不自然的雅致取代了豪迈与气势。

但是，无论我们对乾隆瓷器的价值持何种态度，都应该以这种艺术品的真正代表——为中国消费者制作的器物为基础。我们也必须将大量出口的瓷器分开考虑，这些瓷器在乾隆的漫长统治期间来到欧洲，并有相当数量的瓷器保存至今。虽然这类器物并非一无是处，但从总体上讲，它们质量不高，显然仅供外销。这类瓷器主要包括餐具、茶具与咖啡器具、配有水盆的瓶型玫瑰水壶、潘趣碗、饰品和花瓶，花瓶通常是成对的或五件套。壁炉台套装通常包括两件花觚和三件盖罐，盖罐通常呈细长椭圆形，有时呈方形或扁平，盖子上通常有狮子图案。

所谓的"满大人"瓷器（"Mandarin" porcelain）就属于这一类。"满大人"与中文语境下的"官窑瓷器"（official porcelain）没有任何关系。开光内一群身着马褂的"满大人"，构成外销瓷的固定装饰。开光内用青花与彩釉绘纹饰，将粉色与珊瑚红大胆结合，开光外框通常绘青花、粉色菱形和描金羽纹的复合图案，这些图案之间穿插着小图案与圆形开光，图案包括风景、花鸟纹，以及粉色、红色或深褐色的花朵（插图55）。在某些情况下，开光周围塑低浮雕，或塑老鼠和藤蔓图案或花叶浮雕；或布满颗粒状小点，形成略粗糙的表面，施淡蓝绿色颜料。有些"满大人"花瓶由精美的薄胎瓷制成，而其他外销瓷则施粗糙的橘皮釉，这在当时受到了很大的影响，但一般来说，器物本身并没有特殊的区别。

有一件不那么精致的器物，复合边框和周围纹饰相似，但开光中布满玫瑰或其他粉色和红色的花朵，绘画颇具欧洲风格。18世纪晚期，在洛斯托夫特、新霍尔等地制作的英国小型瓷器上，有造型相似的花朵。事实上，很难说这类中国瓷器是否因其装饰不太出众而更加适合欧洲市场。关于这一点，我们将在另一章中进一步讨论。

在乾隆后期出口的器物中，我们最熟悉的是茶商带回来的潘趣碗和花瓶。这些瓷器通常采用"满大人"风格，但开光中有时会出现欧洲人，而不是中国人的形象。

在当下的中国，是否还能找到这种"满大人"瓷器，尚且存疑。它们不符合中国人的喜好，可能全部都出口了。这些瓷器属于18世纪后半叶，在对外贸易中取代了18世纪早期的"红蓝家族"瓷器。而在今天的欧洲，人们可以轻松收集到这两种类型的器物，它们虽然不能代表中国的陶瓷艺术，但作为装饰品，也是不容轻视的。

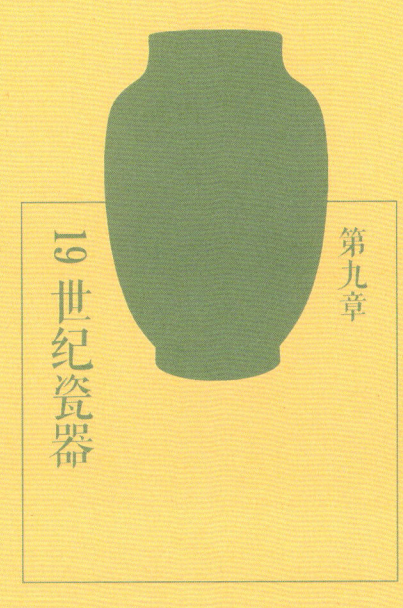

第九章 19世纪瓷器

乾隆之后的嘉庆统治时期（1796年至1820年）是动荡的年代。一支强大的部落——贵州苗民发动起义，清王朝历经重重困难与挫折才将其镇压。乾隆的宠臣和珅公然勒索的恶劣行径激起百姓的不满，这种不满在白莲教起义中达到顶峰，该起义于1796年在湖北爆发，直到1804年才被平定。1799年，乾隆驾崩后，贪官和珅立刻被赐死，他的不义之财也被收缴，多达20亿两白银，但据估算，这笔钱全部用于平定白莲教起义了。此外，这也清楚地表明，中国宫廷长期的奢侈生活已经消磨了满族人的斗志，他们已不再是昔日征服中原的勇猛民族了。白莲教起义后，军队中发生了一系列兵变，而对白莲教起义军的镇压并没有阻止许多其他秘密组织的发展，这些组织当时在全国范围内蜂拥而起。另外，在打击这些秘密组织时，皇帝对罗马天主教会下达禁令，而罗马天主教会一直以来在中国享有很大程度的宽容。

随后的道光统治时期（1821年至1850年）更是动荡频仍，除国内战争外，还发生了第一次中外战争，1840年爆发鸦片战争，以1842年签订《南京条约》结束。根据该条约，中国被迫割让香港岛给英国，为对外贸易开放通商口岸，并平等地对待外国。同时期与法国签订的条约取消了对罗马天主教会的禁令。

但是，清王朝最大的威胁是率先发起于广西的太平天国起义。1851年，一群信仰"拜上帝教"的狂热信徒在一个自称"天王"的人的领导下，发动武装起义。这场起义很快就呈现出与基督教教义背道而驰的一面，起义的规模日渐扩大，波及整个中原地区，贯穿整个咸丰统治时期（1851年至1861年），直到1864年才最终被镇压。

在此期间，第二次鸦片战争于1856年爆发，最终迫使清政府在1858年和1860年分别签订了《天津条约》与《北京条约》，开放了更多的通商口岸，并允许外国公使进驻北京。同治统治时期（1862年至1874年）是恢复时期，但长期的战争已经削弱了满族人的力量。同治驾崩后，一个强大的女人延缓了清王朝的瓦解。光绪（1875年至1908年）在孩童时期继位，而真正的权力属于慈禧，著名的皇太后，也就是后来人们所熟知的"老佛爷"。清政府倒台的最后一幕我们仍记忆犹新。

1908年11月，光绪和慈禧相继去世，另一位小皇帝宣统继位，命满族保守派恭

第九章
19 世纪瓷器

亲王为摄政王。但是一场支持共和国的运动已经开始，当时已在南方取得成功，1912年初，孙中山就任中华民国临时大总统。然而北方依然忠于清政府，内战似乎难以避免，但袁世凯设法避免了战争，他逼迫清帝退位，建立共和政体，成为首任中华民国大总统。众所周知，袁世凯意在称帝，但他的野心被死亡终结，中华民国仍然存在。

嘉庆年间（1796年至1820年）陶瓷艺术的进步并不显著。陶瓷工匠在一定程度上保持着乾隆统治时期的制造标准，但这门艺术已经过了它的成熟期，在没有任何新的发展的情况下，必定会走向衰落。若不是因为有年代款识，要把嘉庆瓷器与乾隆晚期瓷器区分开来并不容易。我们可以列举出有嘉庆年号的瓷器，例如彩绘龙纹碗、"北京开光纹碗"、五彩花瓶、茶叶末釉瓷、玲珑瓷等，但这些瓷器对上一章所述内容并无新的补充。大英博物馆里有几件嘉庆统治时期的瓷器。其中有两件普通青花瓷；另外一件施厚砖红地（浓稠的铁红色），彩绘圆形开光；还有一件同样外施厚砖红地，但内施斑驳的棕黑色釉。同系列收藏品中，还有一件表面平整的圆形盒子，淡描青花纹装饰，青花上有描金图案，卜士礼认为这是嘉庆年间的装饰风格。[1]至于其他方面，我们完全可以把这一时期的瓷器看作乾隆瓷器的延续。

道光年间（1821年至1850年），前期已露端倪的瓷器衰落现象愈发明显。瓷器材料的质量明显退化；器身呈白垩质，纹理粗糙；釉面有气泡，质地像棉布一样，这是较粗糙的日本器物的特点，还泛着夸张的油光。这是道光时期的普通器物，与同时期的一些精致器物相比更显拙劣，较精致的器物是濒临灭绝的艺术的最后一丝光芒。的确，当时的一些御用器物值得在收藏家的橱柜中占据一席之地，而其他非普通器物也颇具特色，足以引起讨论。例如，"北京开光纹碗"的质量仍然很高，而且内壁绘有青花，与那些带有早期统治时期款识的器物不同。彩绘装饰也以半透明和不透明的独特风格精心制作。这些混合彩绘虽然面积不大，但往往处理得相当精致，有一些彩绘装饰的道光瓷碗，若标以乾隆年号，也不会有损乾隆瓷器的声誉。彩绘使用的颜色中，我们注意到一种薄而有光泽的绿色彩料，例如，描绘水的纹饰就有效运用了这种彩料；在一种特殊

---

1 参见卜士礼，《东方陶瓷艺术》，第464页。

类型的瓷器上也出现了这种有光泽的彩料,其年代一直都是讨论的焦点。这种器物有很多现存样品,包括碗、碟,也许它们都是御用瓷器,上面隐约刻有皇家常用的祥龙戏珠纹饰,青白瓷地如上所述闪烁着光泽,瓷面雕刻绿色、黄色、茄紫色的巨大叶纹和水果装饰。这类器物底款常为康熙年号,但无论如何,在众多此类样品中,这些器物都更像是道光统治时期制造的。约书亚收藏品(Joshua Collection)中有一件很好的例子(插图69,图1),底款非同寻常——"储秀宫制"(曾为慈禧太后的居所),这也可算是御用款识。

19世纪早期的瓷器上经常出现堂名款,其中一些显然是指宫中的厅堂或亭轩楼阁,其他则指匠人或画师的工坊。著名的慎德堂款识就是典型的例子,它出现在各种瓷器上,有些瓷器质量较高。例如,大英博物馆收藏的碗和花瓶(插图70),碗用道光时期的混合彩料精心绘制,花瓶以不透明的月光蓝为地,绘有彩色御龙纹饰,以及大维德收藏品中的一件用黑釉装饰的碗,其形状和表面做工与明朝的碗相似,但其风格却非常现代化。还有一些样品表明,慎德堂的特色之一就是仿古,特别是大英博物馆收藏的以下两件器物。其

中一件为青花碗,其浆胎、釉色、纹饰、蓝彩均为精美的仿明作品;另一件是以晚明"红绿家族"风格和色彩绘制的瓷盘,若不是底款为"慎德堂制",就足以乱真。[1] 瓷盘底部有康熙瓷器上有时会出现的深槽底足,而且这件器物质量上乘,一直以来,人们都坚信,它的底款至少是康熙时期的。然而,其他样品显然有道光时期的特征,而希普斯理收藏品中的一件器物上有道光的亲笔题诗,恰好证实了这一点。

其他道光彩瓷延续了雍正时期的绘画风格,青花上覆浅色透明釉料。还有一种比较粗糙的器物,青瓷绿釉上绘粉彩装饰,带有道光年号。当然,这一时期也烧造了青花瓷和单色釉瓷,它们都没有什么值得注意的特点,除了某些小盘子、盒子、笔筒和类似于带有深雕的北京红漆图案的瓷器。这些瓷器表面通常会覆盖一层不透明的蓝绿色、黄色或红色釉料(有时也会保持素胎状态),而且由于它们带有工匠[2]的名字,因此很可能出自某个民窑。

可以补充的是,道光时期制造的一些鼻烟壶质量非常高,但我们打算把鼻烟壶

---

[1] 《大英博物馆远东陶瓷指南》,图154。

[2] 王佐廷与王炳荣。

插图69

图1　　　　　　　　　　　　　　　　　　图2

| 图1　19世纪早期瓷盘 |

盘沿刻龙纹与花纹，盘中彩绘假山与花卉

蓝彩书款识"储秀宫制"

直径25.5英寸

约书亚女士收藏品

| 图2　19世纪早期五彩碗 |

绘有道教人物与其他纹饰；碗内刻"寿"字

口径9英寸

雷金纳德·科里收藏品

插图70

图 1

图 2

| 图 1　道光粉彩龙纹灯笼尊 |

用不同颜色的不透明彩料在月光蓝地绘制四条御龙、珍珠与祥云；器物内部绘松石蓝彩，器底边缘描金

红彩书"慎德堂制"款识

高 8.5 英寸

大英博物馆，弗兰克斯收藏品

| 图 2　开光纹碗 |

内青花，外粉彩。亮蓝编织纹地绘云纹与四个圆形开光，描绘牛郎织女的故事；能够看出前面的开光中，
织女正走过鹊桥

道光款识

口径 5.75 英寸

大英博物馆，弗兰克斯收藏品

放在别处讨论。

咸丰年间（1851年至1861年），太平天国运动粗暴地打断了景德镇的生产。1853年，景德镇被占领，御窑厂被破坏。带有道光年号的少数样品与嘉庆时期的普通作品区别不大。同治年间（1862年至1874年），著名总督李鸿章将叛乱分子驱逐出江西，重建了御窑厂。这件事发生在1864年，我们有一份同年的御器清单。这份清单非常重要，它让我们对中国器物的造型和设计有了更深的了解，即使大部分都是仿古瓷器。我们唯一担心的是，这样的清单会使人们对同治瓷器产生过高期望，因为实际标有同治年号的样品，大部分质量都很一般。

同治三年（1864年）供应官窑瓷器清单

均釉四方杏元双琯瓶

哥釉四方杏元双琯瓶

哥釉四方八卦瓶

霁红玉壶春瓶

青花起线玉壶春瓶

青花栏杆玉壶春瓶

花厂官釉太极纸搥瓶（太极即阴阳）

天青四方太平有象瓶（即有象头柄的花瓶）

紫龙中盌

霁红中盌

青西莲大盌

青西莲五寸盘

青云鹤八卦中盌

五彩水仙花酒盅

彩红龙撇口酒盅

青双龙满尺盘

娇深黄暗龙汤盌

娇黄暗龙墩式中盌

娇黄茶盅

娇黄暗龙中盌

青花三果班子中盌

娇黄暗龙撇口汤盌

青双龙六寸盘

青花蚕纹寿字满尺盘

青木樨花茶盌

五彩宝莲中盌

彩红地白竹茶盌

青三友人物六寸盘

青双龙茶盌

彩暗水绿龙六寸盘

青夔凤满尺盘

蓝地彩黄云龙九寸盘

填白釉宝烧红团凤中盌

蓝地彩黄云龙茶盌

霁红六寸盘

霁青中盌

霁红七寸盘

紫金釉墩式汤盌

冬青釉红团凤中盌

五彩蚕纹如意七寸盘

五彩鸳鸯荷花茶盅

霁青茶盌

彩八宝茶盌

彩红海水青花八仙大盌

内青花外彩荷花中盌

八吉祥盌

绿花桃黄瓷盌

紫绿龙娇黄五寸盘

紫绿龙娇黄三寸碟

四号娇黄汤盌

云凤五寸盘

五彩龙凤串花中盌

紫绿龙娇黄四寸碟

彩八吉祥串花九寸盘

彩夔凤串花大盌

收藏家对光绪与宣统时期器物的主要对策就是远离它们。这通常是个简单的办法，因为尽管大部分瓷器都有仿制的康熙或乾隆年号，但它们劣质的材料与没有说服力的设计终会暴露赝品的事实。然而，也有一些精心制作的瓷器让收藏家们临时改变主意，例如一些较好的现代黑地彩和素胎彩绘瓷，以及一些牛血红釉瓷、"桃花片"釉瓷与苹果绿釉瓷。在师克勤1882年于景德镇所作的观察报告中有个提醒，他告诉我们，那时御用瓷器的材料仍然是精心提炼的，品质卓越，由工艺最娴熟的工匠进行装饰。"御窑厂产出的每件瓷器都是完全按照皇室指定的设计制作的，例如，一件黄地绿龙的瓷碗和一件黄地紫龙的瓷碗，其中一件诞生于两百年前，另一件则刚出窑，我想，如果没有朝代款识的帮助，即使是经验最丰富的瓷器专家也很难发现这两者间的细微差别。"师克勤告诉我们，有个何姓陶瓷世家制作了"仿牛血红釉瓷，但釉层普遍太厚，颜色不均"。这是在相当粗糙的瓷体上制作的，而且显然没有控制釉料在圈足处的流动。师克勤称这种器物为"滚红"，与郎窑霁红截然不同。他还特意提到，当时除青花釉里红瓷与块滑石瓷外，还制造了近代的铜红釉瓷、松石绿釉瓷、青釉瓷、紫金釉瓷、乌金釉瓷、霁蓝釉瓷与裂纹釉瓷。从这一点可以看出，在19世纪末，景德镇的陶瓷工匠重拾了曾经的灵巧。但是，那些仿古并带有古老款识（主要是康熙年号）的普通贸易商品，连生涩的新手也很难欺骗了。

为数不多的能让收藏者垂涎的现代瓷器，就包括带有著名的慈禧太后宫殿款识[1]的瓷器。这些瓷器一般用混合釉料绘制，除具备混合釉料的一般特点外，还有一些优点。另一件值得关注的现代瓷器是《鉴赏家》杂志中的一篇文章所描述的一件瓷器，因其十分稀有，足以引起关注。[2]这件瓷器显然是遵循袁世凯的指令制作的，当时他正考虑篡位，其中一些瓷器底款为"洪宪"，正是袁世凯打算复辟帝制的年号。1916年初，袁世凯接管了前御窑厂的其中一间，并下令为他个人制造瓷器。这些瓷器样品在《鉴赏家》中有所展示，它们用彩绘上色，风格与晚清御用器物相同，瓷器底部和口沿内通常都有蓝绿彩绘，还有各种底款，如年号"洪宪"、汉字"官"（御用）和堂名款"居仁堂制"（在仁爱始终不渝的厅堂中制造）。

---

[1] 大雅斋。

[2] 埃德加（W. H. Adgey-Edgar），1923年10月。堂名款"居仁堂制"在此文中被错误地解读。

鼻烟壶

鼻烟壶通常在收藏品中独占一席之地。实际上，有些收藏家专注于这些精致的小物件，完全不顾其他，由于鼻烟壶并不局限在特定时期制造，因此我们将它留至本章最后进行说明。

自中世纪以来，中国就一直在制造盛放药物和颜料的小瓶，早期作家将其描述为药瓶，但鼻烟壶本属于清朝，若想找到一件确证为18世纪以前制造的瓷器，则是十分困难的。相传16世纪烟草由菲律宾传入中国，但吸鼻烟的习惯从何时开始，我们无从得知。我们可以大胆猜测，鼻烟大约是两个世纪前从欧洲商人那里得到的。总而言之，正是在这个时期，人们开始广泛制造内部装有舀取烟粉的细匙的小瓶子。从那时起，鼻烟壶就流行开来，儒雅之士通常会随身携带一件，并在会客室桌案上摆一两件。

鼻烟壶并不都是由瓷坯制成，由各种精美的玉石、其他硬石料或玻璃制成的鼻烟壶在收藏品中也占有很大比重，但目前我们关注的是景德镇制作的鼻烟壶。瓷匠们似乎乐于在制造过程中展示他们的技艺和巧思，其中许多鼻烟壶都是名副其实的瓷器瑰宝，通过一件好的收藏品足以窥见清代瓷器的完整故事。鼻烟壶的装饰包括单色釉，如郎窑红釉、苹果绿釉、月白釉、淡紫釉与青釉，以及青花釉里红，在釉与素胎上施各种彩绘，模制与雕刻装饰，复杂的浮雕和镂空雕刻；除了各种特殊类型的瓷器，如玻璃白瓷、裂纹滑石瓷和淡黄定窑瓷器，人物与动植物的精巧造型都在鼻烟壶上得到了充分体现。此外，鼻烟壶上还有几种在大型器物上很少见到的装饰，如黑地青花、黑地白花，以及施大理石花纹的素胎等。

鼻烟壶上早于雍正时期的款识极为罕见，但它们确实是从雍正之前就开始制造的，许多极其出色的样品都写有嘉庆和道光年号。此外，还有许多粗糙的小瓶，大多属于19世纪上半叶。这些器物大多在海外销售，在埃及或其他地方用作药瓶。实际上，人们在古埃及墓穴中发现了这种瓶子，它们无疑是意外掉落的，或是由阿拉伯工匠设计的，却由此产生了耸人听闻的传言，即中国瓷器是在法老时期传入埃及的。人们认为这些发现奠定了中国瓷器的悠久历史，但一位汉学家却戳破了这一谣言，他发现这些古代瓷器上刻着一位中世纪诗人的诗句，一段真正的匹克威克式情节戛然而止。

插图58为拉斐尔收藏品中的几个典型样品，展示了各种形式和多种装饰的瓷器，设计也别出心裁。图8为普通花瓶类瓷器，施"罗宾蛋壳釉"（乳白青绿釉）。图7为定窑乳白瓷，雕有象牙白十八罗汉人像。图9是饰有浮雕与镂空的白瓷，刻有"九狮同聚"图案，为字谜设计，寓意"九世同居"的理想家庭。葫芦（图1）象征长寿，佛手（图4）寓意幸福。这些完美的小物件既有精妙的外形构造，又有明确的设计意图。

第十章 欧洲对中国瓷器的影响

我们不时会注意到欧洲国家与中国的来往对瓷器制造的影响。随着18世纪的到来,外国的影响变得越来越大,因此它们需要更多的关注。

尽管中国人不信任"西方的野蛮人",当然这并非毫无根据,但少数欧洲人在开放通商口岸之前就成功进入了内地,有些人甚至到达了北京,并最终得到了皇帝的青睐。

利玛窦(Matteo Ricci)是中国天主教的开拓者,他于1610年在北京去世,可能主要是由于他留下的好名声,其他耶稣会传教士能够跨越大多外国人无法逾越的障碍。这些人被接纳的原因在于他们在数学与科学方面的才能,其中一位传教士,南怀仁(Verbiest)竟被任命为钦天监官员,并在1670年受命监督制造一套新天文仪器。据说,格拉迪尼与贝尔维尔将欧洲绘画方法传入中国,引起了身在北京的中国艺术家们的注意。在乾隆统治时期,郎世宁(Castiglione)与阿蒂雷(Attiret)不仅为皇帝作画,还在建筑方面提供建议和帮助。

通过对外交流,欧洲的钟表、法国的珐琅器和威尼斯的玻璃都进入了中国宫廷,我们知道皇帝和大臣们都很喜欢这些新奇的物品。我们已经注意到,景德镇的官员请求殷弘绪提供一些新奇的外国纹饰,这些纹饰也许可以在瓷器中体现出来,以供宫廷欣赏。我们在下述瓷器中看到了这种思想交流的具体证据,如威尼斯玻璃制成的带翼把手、意大利文艺复兴风格的花瓶、仿照荷兰代尔夫特风格的七巧壶、还有瓶足处绘丘比特的树干形状的花瓶。我们也不必细说那些明显具有欧洲特色的餐具、茶具和咖啡用具、洗礼壶盆、细口带柄大罐、盐罐、调味瓶、烛台等,它们的设计自然是为了适应使用者的习惯。同样,为出口贸易而制造的装饰性瓷器,具有不必要的复杂形式,这是为了迎合外国人的喜好,对中国人的品位几乎没有影响。

欧洲对中国器物装饰的影响最早出现在明代晚期瓷器上,在康熙瓷器上有更多体现,但总体上仍很少见。纹章装饰我们暂且不提,但很明显的是,康熙时期的青花画师偶尔也能接触到欧洲的绘画。例如绘有鹿特丹包围图的瓷盘;利弗夫人美术馆的一件花瓶上,绘有欧洲的女士们在秋千上嬉戏的图画;著名的圣路易斯画像盖杯,周围绘有祈祷的中国人,上面刻着"美德之名直到世界的尽头"(L'EMPIRE

图1

图2

图3

| 图1 康熙外销瓷 |

欧式五彩七巧壶

高 10 英寸

A. T. 沃尔上校收藏品

| 图2 欧式五彩啤酒杯 |

带有欧式金属底座；开光内绘花木等，边饰锦纹

高 6.375 英寸

安东尼·洛希尔收藏品

| 图3 五彩花口盘 |

绘麒麟与凤凰；口沿开光内绘花、鸟、鹿与兽

款识为一朵花

直径 10.75 英寸

大英博物馆，弗兰克斯收藏品

DE LA VERTU ETEND JUSQU'AU BOUT DU MONDE），还有插图3的图3，也证明了这一点。但这类瓷器中最有趣的是耶稣会瓷。典型的例子是大英博物馆收藏的一只碗和一个杯子，中间绘有青花十字架纹饰，周围环绕着常见的中式纹饰。[1] 它们显然是康熙时期的作品，无疑与殷弘绪1712年信中描述的内容相似："他们从一个大型贸易中心的废墟中带给我一件小瓷盘，我对它的珍爱胜过千年以来最精美的瓷器。瓷盘中央在圣母玛利亚和圣约翰之间有一个十字架，有人告诉我，这种瓷器有时会运往日本，但此类贸易在十六七年前就已经停止。显然，日本的基督徒在受迫害时期利用这种方式来获取我们的神迹，这些器物与其他器物混在一起，藏在板条箱里，躲过了警惕的敌人。当然，这种虔诚的计谋最终被发现，在更严格的审查下成为徒劳，因此，景德镇就不再制造这种器物了。"

中国人在宗教问题上是非常宽容的，可能也不会对这种基督教装饰有任何异议，但很明显，景德镇并没有广泛使用这种装饰。如果这种器物是为当地基督徒免费制造的，那一定会引起殷弘绪的注意。总而言之，这种早期的耶稣会瓷因虔诚的故事而变得浪漫，但它们在今天已经很少见了。古董收藏家以能够获取后来同类型的样品为自己的幸运，即便这种样品也许不太够格被称为耶稣会瓷。这些瓷器施釉上彩，可能是在广州制作的，题材直接取自欧洲画作和雕刻品，但瓷器类型主要是欧式茶具、咖啡器具和餐具，它们无疑是为欧洲贸易制作的。事实上，它们属于广彩瓷工匠装饰的一大批瓷器，所绘的欧洲题材各式各样，有神圣的，也有世俗的，很有趣，很好玩，但精美的瓷器较为罕见。在众多这样的瓷器中，中国的仿制者展示出一贯的耐心，以惊人的准确性复制了欧洲的设计，显然其原型是由商人提供的。例如，有一些大瓷盘，盘面的雕刻图案用黑色逐行复刻，还原度相当高，就像转印的一样。其他作品的加工则更为自由，在人物面孔和形象的刻画中，东方气息显而易见。也有用雍正时期的风格绘制的欧洲主题的粉彩餐具，它们很受收藏家欢迎，特别是在荷兰，不少作品中还能看到荷兰船只、著名港口的景色，如桌湾风景；还有欧洲的热门主题，如约翰·劳的

---

[1] 《大英博物馆远东陶瓷指南》，图160和图162。

泡沫（John Law's Bubble）[1]、1745年的叛乱[2]、约翰·威尔克斯（John Wilkes）[3]等。还有一些瓷器借鉴了讽刺和运动版画设计；还有潘趣碗，绘有丰收的场景，刻有定制瓷器的乡绅的名字和日期，还有一百零一个人物。大英博物馆的两只潘趣碗上，可以看到广州十三行，还有各种欧洲贸易公司的旗帜，这是为了告诉我们，中国和欧洲的商人曾在此会面，处理瓷器和其他货物的订单（插图55，图3）。

但是，这组瓷器中占比最大也最重要的是纹章瓷。在18世纪的欧洲，饰以纹章的餐具是非常时尚的，当欧洲的瓷器还处于试验阶段，制造成本高昂的时候，中国就应其所需开始了此类商品的大规模贸易。当然，还需要把纹章图样寄出，再通过广州的商人送到工厂。中国人毫不费力地复制了这些纹章，而且他们对位置甚至色泽的把握都准确得惊人。传奇故事和题词中偶尔会有移位或倒置的字母，这时会暴露东方复刻者的身份，但考虑到他们对文字的生疏，这种错误少到实在令人惊讶。纹章瓷的定制服务最初是在景德镇推出的，一些康熙早期的纹章瓷仅用青花装饰。其中最早的纹章瓷之一是利弗夫人美术馆收藏的一件瓷盘，周围是纯粹的中式纹饰，中间绘制了一个不显眼的盾形纹章，东方特征明显，显然当时的绘制技法是生疏的。大英博物馆收藏的一件绘有塔尔博特犬纹章的青花大瓷盘标志着明显的进步，在后来的康熙瓷器中，用青花五彩或五彩装饰的纹章瓷制造得相当地道，即使其附加的装饰仍是纯正的中国风格。

纹章瓷有个有趣的特点，大部分都可以根据纹章位置来确定年代。据此整理出18世纪初到19世纪间注有日期的系列瓷器是极有可能的，事实上，大英博物馆在此已经取得了一定成果。总之，早期的作品至少有助于我们了解多种中式纹饰的日期线索，特别是借助边框图案和附加设计。

由此，大英博物馆收藏的一件1702年的瓷盘上有典型的五彩花卉，红金边纹、织锦图案和过渡彩绘（五彩与粉彩结

---

[1] 密西西比股市泡沫，即法国股票市场上出现的投机风波。——译者注

[2] 1745年詹姆斯党叛乱，查尔斯·爱德华·斯图亚特为夺回英国王位，试图复辟斯图亚特王朝，最后却以失败告终，查尔斯·爱德华·斯图亚特则逃离苏格兰，最后流亡至法国。——译者注

[3] 约翰·威尔克斯，18世纪英国新闻工作者和政治家。因屡屡受到议会的排挤而被认为是政治迫害的牺牲品和争取自由的先锋，对他的广泛支持成为英国激进主义的开端。——译者注

合），它们也出现在几件确定为 1720 年前后制作的瓷器上；"中国伊万里"风格被应用在 1711 年至 1722 年间制作的瓷盘上；细笔绘青花在雍正时期的瓷器上较为常见。

很明显，在康熙末年，大部分纹章工作都从景德镇转到了广州，但并不意味着瓷器本身也是在广州制造的。正相反，没有证据表明珠江三角洲地区曾经生产过这种质量的原料，而且白瓷是由景德镇工厂定期提供的。像宝石红釉餐具，就是在广州的作坊里施彩，而且也不乏证据表明，它们正是由画宝石红釉瓷器的人装饰的。同样复杂的菱形图案、雉鸡牡丹、典型花枝、精致描金或黑金纹边在雍正瓷器上都很常见。从乾隆时期开始，纹章瓷的附带装饰变得越来越欧洲化，大约在 20 世纪中叶，纹章瓷上的中式装饰品逐渐被梅森风格的花束和花枝所取代。[1] 不久后，我们会看到弓瓷或布里斯托尔瓷上的垂花饰、月桂、果实外壳、蜻蜓的饰带或点状线绘鲜花、法国矢车菊花枝、蓝彩描金的德比边框等，直到后来除黏土和釉面之外，几乎没有东方元素了。

外行误以为这种纹章瓷是欧洲的，因此他们寻找欧洲的工厂来制造也不足为奇。但是，为达成生产目的，没有比洛斯托夫特更糟的选择了，这个萨福克郡小工厂直到 1751 年才开始运行，而之前从未制造过任何真正的中国硬质瓷。大英博物馆展出的一些文件讲述了这种器物的真实故事，其中有两份 1731 年为查尔斯·皮尔斯（Charles Peers）定制的瓷器的提货单是从广州寄来的。其中一份记录的是一件细笔绘鹦鹉站于石上和花草的青花瓷盘；另一份记录的是一件表面有皮尔斯纹章，边框绘菱形图案花卉开光的瓷盘。这些有趣的文件是由皮尔斯家族的现任代表赠送给大英博物馆的。

同系列收藏品中的另一件瓷盘，是通过 1743 年来自广州的类似提货单证明的，瓷盘上富丽堂皇地装饰着纹章[2]；最后一件瓷盘绘有查德维克（Chadwick）纹章，德

---

[1] 对乾隆纹章瓷边纹的研究表明，纹章瓷在不同时期的使用情况如下：乾隆前期，淡羽纹、描金、洛可可式装饰结合花卉图案、大型贝壳类装饰，以及边纹框内松散地串在一起的菱形格子。大约在 1740 年到 1760 年间，类似的图案，但更为精细的框架由四只孔雀间隔开，孔雀通常是黑色和金色的。1765 年到 1820 年的瓷器的混合边框上有菱形、符号、花卉，有时还有蝴蝶。最后一种边框被英国工厂修改为著名的"柳树图案"边框，我们可以补充说，这无非只是对中国风景的一种顺应。

[2] 参见《乡村生活》，1922 年 5 月 20 日。

第十章
欧洲对中国瓷器的影响

比蓝镶边,题有"中国广州,1791年1月24日"。尽管保护性关税[1]很高,中国的纹章瓷仍然大量运抵英国,直至19世纪上半叶,但那时,斯塔福德郡已经逐渐形成了合适的英国瓷器制作流程,国内的生产也能够满足市场所有要求了。

荷兰是东方瓷器的最大进口商之一,包括中国和日本的瓷器,著名的代尔夫特锡釉陶器在形式和装饰上都深受这些东方舶来品的影响。同样,也是这些商人将代尔夫特陶器带到了东方,有的是他们的个人物品,有的是贸易货物,有趣的是,在18世纪,中国和日本都有对代尔夫特陶器的仿制。更奇怪的是,中国仿造的代尔夫特陶器带有些许欧洲化的中式纹饰。大英博物馆的一套餐具可以说明这种现象,这套餐具的半东方设计,包括款识在内,都是从代尔夫特陶器的样品中复制过来的。

另一方面,在18世纪初,当欧洲瓷器仍然稀缺珍贵时,荷兰和其他地方的瓷器装饰家经常在东方器物上进行艺术实践。福建白瓷很适合这样处理,如果没有福建白瓷,他们就会用刻有纹饰或轻绘蓝红图案的景德镇白瓷替代。这些艺术实践者(私人上釉工匠)在色彩和纹饰上很出色,就像人们在代尔夫特陶器上看到的那样,但大部分作品绘画不佳,着色粗糙,在设计上还很大程度模仿了日本柿右卫门瓷器。但也有些重要的罕见精品,用黑或红单色着色,用金色增强,由德国画家绘制,如普鲁斯勒(Preussler)、博腾贝格尔(Bottengruber)和沃尔夫斯贝格(de Wolfsbourg),他们也在早期的梅森瓷器和维也纳瓷器上作画。他们将巴洛克风格的作品制作得十分精细,收藏家们高度重视这些样品。在18世纪中叶,当大量瓷器被送往广州为迎合外国市场进行装饰时,对欧洲商人来说,为他们的顾客买到白色的中国瓷器并不难,我们仍然可以找到一些由梅森、切尔西和伍斯特艺术家们绘制的此类作品。其中一些作品在巴特西或伍斯特进行了转绘试验,偶尔也会有部分青花瓷以同样的方式进入欧洲市场。大英博物馆有两件瓷器就是这样,一件是蓝地白色开光的茶壶,未添加装饰;另一件是青花纹饰的花瓶,一定是在景德镇制作的,周围的开光显然是在德国绘制的。这一组中还有其他罕见的瓷器,其图案是由欧洲

---

[1] 1803年,有人提议将东方瓷器的进口税减少59英镑8先令6便士,这样将只需缴纳50%的关税,斯塔福德郡的陶瓷工匠们对此十分忧虑。参见弗兰克·福克纳(F. Falkner),《伯斯勒姆的伍德家德》(*The Wood Family of Burslem*),第67页。

的宝石工匠裁剪的，一般为单色蓝釉瓷器或宜兴紫砂陶器。宜兴紫砂陶器常经抛光处理，也有雕刻，与波特格制作红炻器的方式相同。

最后，还有一种令人不悦的加彩瓷器。中国瓷器已经充分运用釉下蓝彩和红彩进行装饰了，而在上面添加多余彩料的做法，顺理成章地得到了"加彩"这个难听的名字。大英博物馆有个典型例子，一件瓷瓶用釉里红绘中国神话中的三只动物，风格奇美。然而，这个简单却精妙的装饰却被加彩者毁坏了，他添加了一些面目狰狞的欧洲人物，他们用棍棒威胁这些相当仁慈的动物。但首先受害的还是青花瓷。人们可以感觉到，当这位加彩者受到怂恿（他确实受到过这种怂恿），在康熙名瓷上毫无意义地添加红、绿、黄彩装饰后，一定会对当时风靡的青花瓷产生十分严重的影响。他不满足于用这些野蛮的涂鸦来填补中式纹饰中的一切空缺，还经常在器物外底加一个乱糟糟的红色中国印章，以显示他已经抓住了真正的东方精神。然而，这样的污损行为在英国竟被容忍相当之久，而且，更令人不齿的是，一些英国瓷器画家竟堕落到模仿这种涂鸦的地步。

第十一章 福建瓷器

瓷器在中国的许多地区都有制造，但当地作家除了说它们不如景德镇瓷，其他的几乎没有告诉我们什么。事实上，我们拥有相当数量样品的唯一一种省级瓷器是在福建省德化县制作的，那里距厦门不远。早在17、18世纪，厦门的欧洲商人就已经让我们的祖先熟知这种瓷器，法国人称其为"中国白"（blanc de Chine）。这种白瓷极具吸引力，有时是乳白色，有时是牙白色，偶尔带有粉红色。瓷器晶莹剔透，釉质柔润，被贴切地比作牛奶冻。器身与釉层紧密贴合，很难说器身在哪里结束，釉层从哪里开始。福建瓷器的外观普遍是这样的，但也有一些例外，釉面出现裂纹而渗透染色，导致其外观几乎均呈浅黄色。

福建瓷器的早期历史已在《明代器物》中作了介绍，这里只需稍作重复，福建的制瓷业在明末就已存在，今天仍然存在，一位英国传教士在1885年记述了自己对这个繁华地区的印象："陶器无处不在，田野中、街道上、商店里，到处都是陶器。"[1] 需要说明的是，在过去的三百年里，器物的性质几乎没有发生变化，而且，由于这些器物大多是白色的，除了模印、贴塑和浅浮雕，几乎没有什么装饰，因此总是很难区分不同时期的作品。

大多福建瓷器是装饰性或半装饰性的器物，而且它们似乎特别适合模印图案和人物。一些最精美的瓷器表现了人物形象，它们通常是神仙、佛教和道教人物，但也有描绘普通人的，包括欧洲人。鸟兽也都各有用处，如鹰、鸡、狗与佛教瑞兽——狮子，它们通常配有小管以携香烛。半装饰性瓷器包括香瓶与香炉、盒子、仿照青铜器或雕刻犀牛角的酒杯、花形酒杯、各种盛水容器、砚滴和桌案上的其他装饰品，偶尔也有花瓶，还有茶壶、酒壶和碗，普通的杯子和盘子比较少见。在为国外市场供应餐具和家用器物方面，他们似乎做了些尝试，试图与景德镇制造商竞争。例如，我们知道直颈罗纹天球杯、柱形杯、普通咖啡杯和粥碗，它们明显是以欧洲的风格为基础，以致收藏者们都倾向于将它们归于梅森和富尔罕（Fulham）[2]等欧洲制造商。关于这一点，我

---

[1] 参见陆一约（E. J. Dukes），《中国人的日常生活：福建河流及道路沿途风光》（Everyday Life in China, or Scenes in Fukien），伦敦，1885年。

[2] 富尔罕工匠知威特在17世纪后半叶制作的石器有时形状相同，其灵感可能来自银器，但没有证据表明德怀特曾经制作过瓷器。

第十一章
福建瓷器

们不妨回顾一下殷弘绪在 1712 年的记述，当时景德镇的一些瓷匠把他们的作坊转移到福建，希望从厦门外商那里赚取利润。然而，这次冒险并没有成功。

关于康熙时期的福建瓷器，我们可以从德累斯顿收藏品中得到一些启发，其中包括大量白瓷杯、装饰器物和人物塑像。[1] 但它们只是证实了这样的观点：要区分不同时期的器物并非易事。乳白色和牙白色的瓷器都具有代表性，尽管许多样品质量很好，但也有相当多的残次品，这表明质量本身并不是确定器物年代的决定性因素。顺便一提，我们会注意到，观音和其他神灵的许多塑像都曾在不同时期将金彩涂在黑色材料上。现在大部分涂层已经消失了，但黑色材料和偶尔出现的金色痕迹依然可见。在 18 世纪早期的欧洲瓷器中，经常能辨认出古老的福建瓷器，在法国圣克劳德、梅讷西等地的工厂生产的瓷器，以及梅森瓷和英国早期的弓瓷和切尔西瓷中都大量仿制了中国白瓷。紫砂壶绘阴雕开光，或壶身呈水果形状，或杯碗用梅花枝作贴塑，这些都是常见的福建瓷器款式。我们偶尔还会发现欧洲的人物塑像是模仿福建器物制作的，一件珍稀瓷器的背面标有福建瓷匠的名字，因此暴露了这一点。[2]

如前所述，福建瓷器通常由模印或贴塑构成，有时开光是阴雕，纹饰大多十分简单，如一枝梅花、一只鹿或一匹马，一个神仙形象或一堆蕉叶。雕刻装饰也有使用，常刻有五言诗、七言诗或格言。但除这些装饰外，器物形状通常极具巧思，魅力十足，包括青铜器、兽角或花叶等形状。在福建瓷器中，观音菩萨的形象最为常见。事实上，我们可以说，在中国家家户户都有一件白瓷观音菩萨。观音菩萨的故事广为流传，以多种形象出现在福建瓷器上。其他非常受欢迎的人物有关公、菩提达摩、道教仙人与和合二仙等。还有一些描绘传说或神话的场景，如王质和围棋的故事（烂柯山传说），但对西方收藏家来说，最有趣的也许是在东方的欧洲人及群体的代表。1604 年，一位耶稣会传教士在他的著作中有一段话，谈到了中国人取笑欧洲人行为举止的场景。[3] 据说，来自

---

1 见齐默尔曼，《中国瓷器》，插图 153 至插图 156。

2 吕洞宾塑像，1750 年在布里斯托尔的工厂生产，塑像的背面附有款识，显然是个"雷"字。

3 参见哈克里特（Hakluyt），《珀切斯的朝圣》（续篇），第七卷，第 482 页。

澳门的演员曾讽刺葡萄牙人："他们穿着似乎很可笑的短衣，戴着念珠、腰间佩剑的男人们单膝跪地在庙里祈祷，人们争吵斗殴，女人们和男人们结伴而行，诸如此类，都是中国人厌恶的行为。"

福建瓷匠总体上对所创作的欧洲人物形象美化居多。即使他们所依据的欧洲人原型并不十分优雅，但无论如何也不会使其形象变得可笑。事实上，在某些情况下，他们对欧洲人的尊重是没有必要的，他们甚至把欧洲人放在本该放佛像的神龛里，或放在麒麟上，好像他是阿罗汉。还有荷兰士兵和穿便服男人的小雕像，它们是用质量最好的陶器材料制作的，似乎想要尝试展现真实的人物形象。其中一对这样的人物被认为是1655年到达北京的荷兰使节戈雅（Goya）和德·凯泽（De Keyser），但这当然只是一种猜测。

18世纪初，欧洲的瓷器画家们很难找到国产的瓷器原料，福建白瓷为之提供了方便。今天，我们经常见到杯、碗和其他器物，带有彩绘浮雕装饰，或素面绘图案。欧洲工笔画和彩瓷的风格通常是可以辨认的，但也有一些带有绿色和红色素描花卉的瓷器同样可能是粗糙的东方作品。我们知道，福建瓷匠偶尔也会沉迷于彩绘装饰。有一些典型的晚明彩瓷，制作工艺相当粗糙，陆一约大约在1880年参观了瓷器厂，他谈到孩子们在户外画杯子。[1]

人们提出了各种规则来区分现代与古代的福建器物，如不透明度更强、底座上釉等，都被视为现代瓷器的标志。但在实践中，所有经验法则都被打破了，我们只能通过器物造型的优雅程度、质地和光洁度来判断器物年代。即便如此，经验最丰富的鉴赏家是否能够区分现代瓷器与古代瓷器，也是值得怀疑的。众所周知，近代制作的精美瓷器在北京已经卖出了高昂的价钱，毫无疑问，其中一些在欧洲也取得了同样的成功。另一方面，最近有位伦敦商人展示了一件在中国买的精美人物塑像，从价格看似乎只可能是现代作品。但是，这件瓷器造型精美，质量上乘，人们很容易把它看做"古董"，其实它唯一的可疑之处在于背面的方形德化款识。

福建器物上，底款并不常见，早期是否使用过地名也值得怀疑，但我们在18世纪的作品上偶尔会发现制作者的名字，比如1750年在布里斯托尔仿制的人物塑像背面的印章。有几个瓷匠的名字已经确

---

1 参见陆一约，《中国人的日常生活：福建河流及道路沿途风光》，伦敦，1885年。

插图72

| 康熙德化白瓷观音塑像 |

观音衣袍飘动,手持如意,站于鳌鱼之上;底座雕波浪纹

高9英寸

哈维·哈登收藏品

定了,如来观、何朝宗等;但图章被厚釉遮盖,辨识清楚并不容易。底款有时会用伪明款识,如宣德、成化,而在清初的杯子和祭酒碗底部,偶尔可以看到回纹、螺纹等。

大英博物馆收藏了一系列精品福建瓷器,素廷收藏品中也有一些特别精美的人物塑像。插图43和插图72展示的两件作品,一件是极其出色的鳌鱼观音像,另一件是优雅的荷叶造型笔洗,两只青蛙跃居其间。

第十二章 清代陶器

除了广州和宜兴陶器，中国清代陶器很少受到国内收藏家重视。诚然，明代及早期器物的收藏家必然会注意到某些特定类型的陶器，这些陶器在没有充分理由的情况下会被认为是明代制作的，大多已在《明代器物》中讨论过。但除此之外，中国陶器受到忽视的事实并不仅仅局限在西方世界。我们对中国陶器所见很多，却所知甚少，中国人本身也不愿赐教启发我们。但只要稍加浏览海关报告和卫三畏（Wells Williams）于 1863 年出版的《中国商业指南》（*Chinese Commercial Guide*）等书籍，就会发现，在几乎每个通商口岸附近，陶器都有相当大的贸易量，我们偶尔也会从其他渠道了解这个行业。

除了少数受欢迎的器物，高昂的运费限制了这种相对便宜的材料的广泛传播。各地都有自己的陶器厂，为当地建筑提供瓦片，还提供日常使用的陶器。除非陶器厂碰巧在港口或主要水路附近，否则这些陶器不太可能远行。如果我们去港口附近寻找在印度、东印度群岛和欧洲小部分地区发现的各种中国陶器的源头，我们可能就接近目标了。可以肯定的是，本书所涵盖的全部时期，呈现了与过去六十年的海关报告中所列陶器特点相似的器物。

从南部沿海省份依次来看，我们听说在广东钦州（今广西钦州）、通商口岸广西白沙（今广西北海）附近、海南琼州（今海南海口一带）、广东阳江、珠江三角洲，以及汕头和潮州府（今广东潮汕地区）都有陶器厂。19 世纪中叶，海关报告中的提示说明了在白沙附近制造的器物性质："工艺品包括花瓶、香炉、碗、茶壶、酒杯、盘碟等，陶器一般有上釉的和不上釉的两面（光面和暗面），且饰有中国特色图案。陶器经焙烧后，先在釉面涂腊，再用浮石和木块将釉面磨擦光亮。"[1]

珠江三角洲的贸易统计显示，陶器从东西两岸的十几个港口出口。用浅黄陶土或炻瓷制作的奇形怪状的人物塑像、香炉和各种器物，它们施有斑驳的褐釉和黄釉，偶尔施松石绿釉和茄紫釉，还有姜罐等器物都来自这一带，很可能是各种小型陶器的产地。但是，三角洲地区最著名的陶器是在紧邻大型制造城镇佛山的西关制造的。这种广州陶器的历史可追溯至清代，在《明代器物》中已有论述。但是，正如该书所述，早期的器物极为罕见特殊，在欧洲和美国见到的大部分广州器物

---

1 参见《中国旧海关报告》（*Maritime Customs Reports*），1892—1901，第 422 页。

插图73

图1

图2

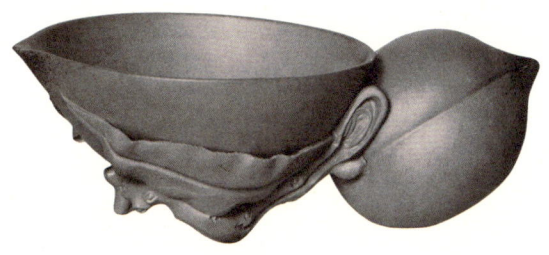
图3

| 图1 广州鱼形香炉 |

炻器施灰绿釉，厚施过渡为不透明蓝紫釉

长 6.375 英寸

大英博物馆，弗兰克斯收藏品

| 图2 乾隆宜兴紫砂茶壶 |

绘梅花浮雕；盖呈桃状

直径（包括壶嘴与把手）6.125 英寸

W. W. 温克沃思收藏品（W. W. Winkworth Collection）

| 图3 18世纪宜兴桃形水杯 |

附带桃子瓷塑；炻器呈浅黄色，桃子尖端点缀红彩；
红桃核掩盖了连接水杯与桃子的通道

长 6.625 英寸

大英博物馆，弗兰克斯收藏品

都是相对现代化的。

一般来说，广州陶器是一种硬烧器物，器底呈深褐色，但有时会变化为灰中闪黄或浅黄色，釉面厚滑，斑驳和斑点较多。釉层颜色变化很大，但通常是蓝色的，在黄褐地上有灰绿色或白色的斑点和条纹。同样，釉层也会是绿色的，有灰色和蓝色的斑点，有时棕色占主导。这些斑驳的杂色混合釉的花瓶，有时带有陶工印章，如葛明祥和葛源祥等，他们似乎生活在18世纪。

另一种广州陶器常被错误地归为明代或更早期的器物，器身施浓重的铜红釉或青瓷绿釉，在这种情况下，器物本身呈白色，类似瓷器，但暴露的部分容易烧成深棕红色。这种器物通常以装饰器物、组合器物和人物塑像的形式出现。雍正时期，这种早期的器物广受赞誉，因此在景德镇御窑厂被仿制，1863年，这种器物仍需求量很大[1]，石湾陶器厂向广州市场供应"所需的各种形状和尺寸的壶、碟、罐，其中一些大如啤酒桶，有上釉的和未上釉的，还有大量模仿石窟作品的，以及放在花园里的人物塑像、陶罐、小雕像等。"

汕头和潮州府之间的枫溪地区大量出产陶瓷器，这里既有高岭土层，也有普通黏土层。这些器物，无疑要从汕头出口，包括"各式各样的陶器，从普通陶器到施彩釉或珐琅的精致陶器：茶杯、酒杯、碗、碟、盘、红土陶炉、镂空的窗户饰板，以及容积为100—150升的巨大陶罐"。除陶器外，我们还听说此地区出产了大量瓷器。[2]

具有相似特点的器物包括"普通瓷器中的瓷盘、饭碗、酒杯、碟、勺、保鲜罐、酒瓶等"，长期以来，它们一直是福建厦门和中南半岛、东印度群岛和印度之间的贸易商品，这些货物可能来自附近的石马县和同安县。我们可以从汕头和厦门的工厂中探寻到许多粗糙的、看起来很古老的青花瓷和彩瓷的来源，今天这些器物在印度和东印度群岛被发现，并且常被当作古董。厦门曾经是德化白瓷的出口地，毫无疑问，同样的瓷器仍经此地和泉州府[3]

---

1 参见卫三畏（S. Wells Williams），《中国商务指南》（*The Chinese Commercial Guide*），第13页。

2 《明代器物》第161页详细讨论了一种粗瓷，其素坯呈铁红色，底部有沙砾堆积，被认为它出产于韩国。据了解，这种瓷器被中国商人称为汕头瓷器。这一说法虽是道听途说，但值得注意。

3 泉州府是明清时期福建省下辖的一个府。——编者注港口进入市场。

在领事报告中,浙江宁波仍被列为精品瓷器的出口地,但并不清楚这些瓷器是在哪里制造的。我们不必详述长江的诸多港口,这些港口都不时进行大量的景德镇瓷器交易。但湖南长沙(位于长江支流汉口外)是精品瓷器的集散地,这似乎表明湖南也有瓷器工业。长期以来,上海一直在出口江苏南部制造的陶器,包括17世纪和18世纪嘉善陶瓷厂生产的不透明、施有细微裂纹山茶叶绿釉的淡黄陶碗和香炉等,以及宜兴紫砂陶与其他颜色的炻器。17世纪末,在欧洲这些瓷器几乎和景德镇瓷器一样出名。

宜兴位于太湖西侧,自16世纪初就以陶器闻名。该地的陶瓷历史已在《明代器物》中进行概述,这里只需简单介绍一下后来的器物即可。最常见的宜兴器物是一种不上釉的炻器,通常为红色,但也有深褐、浅黄、土褐和黑褐色,有时会有斑点。这种器物通常饰有模印、贴花或刻花装饰,特别是明代以后,经常会上釉或用粉彩装饰。多种实用性和装饰性的器物都是在宜兴制造的,尤以茶具闻名。我们由此设想,宜兴陶器是在17世纪后半叶随茶饮首次传入欧洲的。我们的祖先称它为"布卡罗"(buccaro,意为未上釉的陶器),似乎它在某种程度上与美洲印第安人的器物名称有关。在欧洲陶工制作的首批茶具中,有一些是对所谓的"红色布卡罗"的精密模仿。从这些复制品和德累斯顿收藏品中的一系列精美的宜兴器物来看,清代早期器物造型巧妙,样式奇特。[1] 陶工的标记和印章也可以随意使用,由于模仿明代著名陶工款识是十分常见的现象,因此仅凭款识判断并不总是准确的。事实上,区分古今宜兴陶器并不容易,因为陶工们几乎没有失去灵巧的技艺,并且忠实地遵循以往的设计。这样一来,德累斯顿约翰纽姆博物馆的历史收藏品就显得有趣多了。[2]

宜兴彩绘器物通常以粉彩风格绘制,较为粗糙。上釉的器物包括我们在《明代器物》中已讨论过的仿均窑器。这些器物可以追溯到17世纪初,雍正时期御窑厂以仿古为荣。还有不透明彩料,用作釉料覆盖整个器物表面,最常见的是浅蓝绿色,时而有粉色斑点,像乳白青绿釉那样。一些现代器物上施有特殊丝质光泽的

---

1 参见齐默尔曼,《中国陶瓷》,插图157。

2 参见齐默尔曼,《中国陶瓷》,插图50。

条纹状绿色釉料，但很容易被认为是早期器物。

山东港出口的器物无疑是由博山和兖州府提供的。博山以玻璃制品闻名，但它很早就开始生产陶器，该地区腐烂的板岩提供了优质黏土。上世纪末，政府在博山开办了一家生产上釉陶器的工厂，制作"各种形状和尺寸的花瓶、罐、花台、花盆等，有两种颜色——蓝灰色和茶色，形状与釉面十分完美，颇像瓷器"。

陶器也出现在直隶沿海城镇的众多出口商品中，但我们对当地的陶器所知甚少。然而，有些大型制陶中心依旧活跃，如北京附近的琉璃居和河北省最南部的磁州县。磁州陶器表面光滑，在黑地与褐地上自由勾勒图案，或在深褐色釉面上刻画装饰，已有几百年的历史，藏有中国早期瓷器的收藏家们对此十分熟悉。

自元朝起，北京附近的陶器厂就为这个伟大的制陶中心提供瓦块和陶土。通过芝加哥菲尔德博物馆（Field Museum）的收藏品可以看出，现代中国陶器包括明代风格的刻纹陶器，用绿釉、黄釉、茄紫釉装饰，还有青铜器型、施光洁绿釉的陶器。另一种陶器被卜士礼描述为带有明显虹彩光泽的红褐色器物，闪耀着无数的金属斑点。[1]大英博物馆有一件此类样品，有整齐的浮雕装饰，书道光年号。我们还了解到，这里能成功制作在陶器上施松石绿釉和茄紫釉的单色花瓶，在其他地方无疑也能如此。

回顾内陆省份的制陶中心是一项漫长而无用的工作，因为对于它们的产品性质，我们几乎一无所知，也不太可能接触到它们。但有几种类型的陶器在欧洲是相当常见的，对此必须加以说明。

浅黄色的炻器或陶器饰品、花瓶和人物塑像，带有模印图案和松石绿釉斑块、绿釉斑块，偶尔会有茄紫釉斑块，似乎在许多地区都很常见。它们明显是从广东和福建的港口运来的，菲尔德博物馆的现代系列收藏品表明，这些器物在山西太原府附近的马庄也有制造（无疑已经延续了好几代），陕西耀州制造的其他现代陶器有磁州风格的黑色彩绘陶器和带有蓝色素描图案的灰白陶器。

釉陶中的瓦片、屋顶装饰和建筑装饰有很多，其中可能包括花园瓶饰和用作室外装饰的大型人物塑像，这些器物均用类似材料制作和装饰。当它们脱离周围环

---

[1] 参见卜士礼，《东方陶瓷艺术》，第637页。

境时,其中许多都被巧妙地塑造成出色的装饰品。它们常被归为明代作品,但这些器物取材的许多建筑都建于清朝,例如北京附近的圆明园是乾隆在耶稣会士阿蒂雷(Attiret)和卡斯蒂留内(Castiglione)的帮助下建造的,值得注意的是,这些建筑的造型设计展现了欧洲人的技艺。圆明园的楼阁和北京天坛主要是满族建筑,北京的雍和宫也建于清初。除较新的建筑外,许多较老的建筑在当今时期都经历了修复。

第十二章 中国陶瓷造型

纵观精选的康熙瓷器收藏品，如索廷先生赠送维多利亚和阿尔伯特博物馆的瓷器，人们会被诞生在陶轮下的朴素之美所震撼，尤其是那些明显具有本土品位的器物。我们暂且不谈更为复杂的器型，以及为出口贸易制造的花瓶和其他装饰品，我们知道这些器物的怪异造型都是有意为之的。精美的黑地彩瓷或绘织锦图案的五彩瓷、洒蓝釉瓷与质量上乘的青花瓷造型变化较少。凤尾尊呈柱状，长颈，喇叭状口（插图 27）；美丽的观音瓶瓶体修长，呈圆形，短颈，侈口（插图 74）；棒槌瓶，中国人也称其为纸槌瓶，直筒形，短颈，盘口（插图 34）；宽圆形罐，也称瓷缸，拱顶；还有细圆形罐，圆顶；觚，直身，中间有鼓起的带子，喇叭状口（插图 5，图 2），以及各式各样的瓶型瓷器。这些就是康熙瓷器的主要器型，不包括我们将在后面讨论的为特殊目的而设计的器物，但它们会根据瓷匠的心情和喜好而变化，例如棒槌瓶，在身长和比例上经常会改变，有时也会变细到十分大胆的程度。花瓶可能是最普通的器型，它经历了无数微小的变化，但仍然保留了其康熙时期的独特特征。花瓶在各个时期都很常见，但康熙时期的瓶型器物具有不可言状的特性，鉴赏家凭直觉就能辨认出来，尽管他可能认为这很难解释。无论是长颈渐收的花浇、梨形瓶、圆口或有或无的直颈天球瓶、还是器身凹陷的宽直颈瓶、双葫芦瓶、丰肩舍利塔形瓶，这些瓷器比例匀称，线条优美，充分展现了陶冶的真谛，这是毋庸置疑的。还有一种典型的乾隆天球瓶，宽直颈，但它与康熙天球瓶有所不同。也许因为乾隆天球瓶是短颈，给人一种蹲伏感，但不管有什么区别，对于有经验的鉴赏家来说都是不难辨别的。

如果说拉坯成型能够完美体现康熙瓷匠的天赋，那么在制作难度较大的方形和多边形器物时，则凸显了他的娴熟技巧。大多球形瓶都有相对固定的形状，由精确切割的平滑黏土构成，并巧妙安装在一起。为使连接准确牢固、保持绝对平衡，以便在烧制时不会倒下，瓷匠必须付出巨大努力。一些方形瓶有相互对称的设计，如四面的四季花卉，还有侧面扁平的梨形花瓶，都非常优雅。但在这类器物中，以及在有许多凸起和凹槽的模印器物中，一些器物的造型往往变得繁复花哨。这一点在外销瓷中尤为明显，器型灵感意在怪异而非高雅，造型往往十分复杂，完全没有必要。其中许多是层叠的设计，结合了方

插图74

| 康熙观音瓶 |

碧蓝彩绘祥龙出水

高 18.75 英寸

查尔斯·罗素收藏品（原为 R. 班尼特收藏品）

形瓶和球形瓶的特点：线条受到凸起和叶状模印的干扰，被奇怪的把手和各种累赘扰乱；双层葫芦变成三层葫芦；瓶颈上的球径倍增，凤尾尊最终变成了广口瓶，取代了惯常的直颈撇口。

在为日用设计的器物中，有种类繁多的碗。典型的康熙碗有圆边的和口沿优雅外撇的，但碗的形状会跟随模印而改变，呈八边形、六边形或方形。也有直边圆盖的深腹刮碗；还有宽口碗，边沿硬折，盖子犹如倒置的碟子。另有各类杯子，有细高型，还有小型碗状器，用来啜酒。它们通常没有把手，尽管带把手的杯子是中国古老的传统，但除了用于外销的器物，把手很少在此出现。特殊类型的杯子用于仪式，如祭酒杯和合欢杯，但这些杯子通常外形奇特，仿照青铜器或犀角，通常配龙把（插图18与插图19）。中国的瓷盘通常呈碟形，圆边。许多瓷盘尺寸很大，康熙时期，有些瓷盘底足宽大、有凹槽。更具装饰性的是那些花口盘，就像一朵开放的莲花，以及由许多盘子组成的餐具套装，这些盘子以圆形、六边形、八边形或花朵的形状组合在一起。盘碟边缘宽而平，正好放调味品，这种器型是从欧洲学来的。壶通常呈优雅的波斯风格（胡瓶），壶身呈梨形，壶嘴、壶把细长（插图36）。但也有形状更奇特的，如桃、瓜、葫芦等，还有高大的柱形糖浆罐，边缘有条纹，顶部有皇冠。有简单的球形茶壶，也有竹节造型或莲花形状的茶壶，以及方形壶身、绘镂空开光的水壶，还有许多其他别出心裁的设计。

正规祭坛套装包括一件仿青铜器型的三足香炉、两件烛台与两件花瓶。还有小型套装，包括一件香炉或用来放花的浅碗，还有一对狮子，上面插着盛香的管子。花瓶有时是成对制作的，但五件套的瓷器——三件盖罐和两件酒杯，是专为欧洲的壁炉台制作的。

高柱形或方形管用来放箭矢，它们通常装饰精美，安装在顶部有栏杆的架子上。琮式瓶是仿照古代用于祭地的玉器"琮"制作的，方形瓶身，圆颈，圆底。也有圆形或有棱角的灯笼，由精美的薄胎瓷制成，时有镂空开光。我们还读到过一些模印动物造型的怪异灯架，比如猫的眼睛可以在夜间的灯光下发亮，吓唬老鼠。

优雅的雕空盒子和悬挂的花瓶用来放置散香的草药，方形直边的镂空花盆也有类似的用途。有些顶部带盖的笼子被称为蟋蟀笼和蝴蝶笼，但它们的结构与名称不符，昆虫难免会从小孔中逃脱。真正的蟋蟀笼更像姜罐，为纳入足够的空气，盖子里无疑有孔眼，但从结构上看，插图47的方形盖碗也能实现这个目的。

我们已经提到了镶嵌在屏风和家具上的瓷板。瓷器还用于制作凉爽的枕头和帽架，这些物品都是空心的，可以装入热水、冷水或芳香药草。放在花园里的鱼缸通常造型巨大，这一点已经描述过了，还有凉墩。

《陶说》中列举了很多乾隆时期制作的瓷器造型。当然，其中许多在清初和清末都很常见，但有些器型是雍正和乾隆时期的特色，特别是仿古瓷器和仿青铜器。《陶说》中写道："迩年以来，古礼器尊、罍、彝、鼎、卣、爵之款制。"其中"尊"是各种造型的酒器；卣是带盖提梁酒壶；鼎是炊器，分三足鼎与四足鼎；爵为饮酒杯，呈帽盔状，下有细长三足。"文房砚屏、墨床、书滴、画轴、秘阁镇纸、司直，各适其用。而于中山毛颖，先为之管，既为之洗，卧则有床，架则有格，立则有筒。仿汉人双钩碾玉之印章，其纽法为驼、为龟、为龙虎、为连环、为瓦。印色之池，或方、或圆、或棱，可助翰藻。"

桌案上精致的小型器物是中国工匠最为赏心悦目的作品之一，他们为其倾尽了技巧与艺术。砚滴有花和动物等各种造型，笔洗和盛水的盘碟则巧妙地做成荷叶、荷花、水果与贝壳的形状。笔格通常呈传统山峦造型，但也有许多其他造型，如插图68。此外，还有放置印章的盒子，遮挡研好墨的砚屏，小型香炉和放置香和烧香工具的器物，还有插一枝花的花瓶。插图7、60、68、75展示了大部分这种器物。

据悉，花瓶的尺寸从5厘米或7厘米到1.5米或1.8米不等，造型各异，其中有边角平滑的浮雕尊、竹节状的柱形瓶，还有一些器物像蒲式耳一样方，有的被切成两半，背面压平，以便挂在墙上。

日用品包括饭勺、茶匙、筷箸、蜡斗、澡盘、灯盏、花盆、茶碟、瓮（小口圆坛）、钵（大口圆坛）、盘、碗等各类器物。个人用品包括玉簪、束发簪导、耳珠，以及盛放诸如香包首饰的各类盒子、手杖柄和鼻烟壶。至于饮茶、会餐之需，有茶壶、酒器，各种造型的碗碟更是不胜枚举，如盛汤的浅碗、带有碟形盖的茶碗，碗口略微倾斜以使茶水流出。

最终我们根据乾隆的品位，从宋代定

插图75

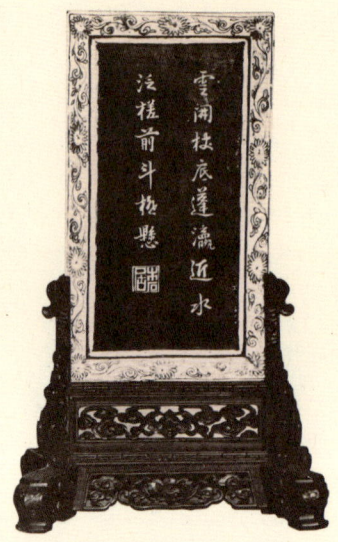

图 1

图 2

桌案文具

| 图1　康熙砚屏一对 |

釉下彩绘人物与应景诗句，印"木石居"款识；诗句绘于黑地之上；边框较宽，绘茄紫大理石纹等

高 10.125 英寸（加底座）

尊敬的沃尔特·利维女士收藏品

| 图2　康熙釉下彩墨床 |

绘对弈场景

长 10.375 英寸

尤摩弗帕勒斯收藏品

窑、汝窑、官窑与哥窑瓷器，明代宣德、成化与嘉靖瓷器，以及珐琅彩瓷中选取了出色样品。

无需赘述，所有器物都是系列制作的，此主题将在下一章展开讲述。

第十四章 中国陶瓷纹饰

清代瓷器纹饰来源于锦缎、丝绸和纸张上的图案、书籍插图，以及其他装饰物上的图案，如木雕、象牙与玉雕、墨饼、青铜器和漆器上的图案。所有来源在明代就已经追溯出来了，在景德镇一定有汇编成书的大量不同种类的纹饰以供参考，更不用说现存的可作为模型的旧瓷器样品了。

我们没有运气找到一本全面的纹饰书，比如康熙瓷匠使用的纹饰书。但在大英博物馆里有几本普通的纹饰书，可能收录了部分中国瓷器纹饰，就像《艺术家手册》（Artist's Vade Mecum）、《女士的娱乐》（The Ladies' Amusement）和《绘画大全》（Compleat Drawing-Book）收录的西方画家的绘画作品那样。其中一本为丁皋所著《画传四集》，书中有一百多位神仙和传说人物，很多人物出现在陶瓷雕塑中。另一部类似的作品是《画传三集》，还有李笠翁所著的《芥子园画传》[1]。

众所周知，偶尔出现在瓷器上的农业、水稻种植与养蚕业景象直接取自为促进这些行业而出版的官方手册。锦缎纹饰随处可见，无论是在奢华的粉彩花瓶上，还是在宽窄不一的边框中，都可以看到锦缎，而这些纹饰可能是将剪下的锦缎条贴在了瓷器上。在许多仿照青铜器造型的器物上都有明显的青铜纹饰，尤其是乾隆器物，装饰有古代龙凤图案、兽首、回纹和蕉叶纹。

但总体来说，中国人将瓷器纹饰分为四大类：人物、山水、花鸟与杂画。第一大类包括各种各样的人物形象，是迄今为止欧洲人最感兴趣的。在陌生的场景中，一些人在这里生活、行动，时而美丽优雅，时而笨拙怪诞，这些西方人完全陌生的画面，激起了他们的好奇心。遗憾的是，在许多情况下，也许是大多数情况下，这种天生的好奇心是不可能得到满足的。

满族是由战士构成的民族，在过久享受权力的甜头后，他们的阳刚之气被消磨殆尽了。清代早期器物往往绘有他们爱好的战斗场景和军事盛况，汉代和三国时期一半的传奇英雄，还有宋代《水浒传》中官军与反叛者的搏斗，都出现在康熙粉彩瓷上。绘有军事人物的"武瓶"与描绘市井人物的"文瓶"有时成对出现。其他瓷器还描绘了历史人物和战争场景——尧帝带领骑兵召唤舜帝，就像另一个辛辛纳特

---

[1] 参见佩尔任斯基（F. Perzynski），《伯灵顿杂志》（Burlington Magazine），1913 年 3 月，第 310 页。

斯一样，从耕地中走出来；忠诚的汉臣苏武，被匈奴扣留牧羊；汉朝另一位大臣张骞，他出使西域已成为传说，他在银河中追寻黄河之源，到达织女之境；司马光砸缸救同伴；唐玄宗与美人杨贵妃会面[1]；西施，公元5世纪吴王夫差的"黛利拉"；河边垂钓的姜子牙；樵夫变太守的朱买臣，背着一捆柴火边走边读书。

器物上还有吸引文人的恰当纹饰：竹林七贤和兰亭名士等文人墨客的高谈阔论。竹林七贤与兰亭名士都是著名文人、诗人和书法家，竹林七贤生活在公元3世纪，兰亭名士生活在公元4世纪。这类纹饰中另一个深受喜爱的人物是唐朝诗人李白，他凝望着四川的瀑布，或受着皇帝的赏识与朝臣的侍奉，或醉醺醺地倚在酒缸边酣睡。李白也是饮中八仙之一（饮中八仙和道教八仙的主题类似，特别适合做八边形器物的纹饰），或乘木船顺流而下，手不释卷，全然不顾危险，或像周茂叔（周敦颐）一样，专注于他最爱的荷花。另一位以花著称的诗人是爱菊的陶渊明。此外，科举考试将文章作为为官晋升的关键，在许多瓷器纹饰中都可以找到直接或间接的相关表达。志于文学之士独居龙头，暗示居于榜首，挥舞桂枝，象征金榜题名；或梦中高就，魂梦缥缈，浮于脑际。其他象征高中状元的纹饰在别处也有描述，与文昌星有关。

诗歌和爱情故事为装饰者提供了许多主题。有时会围绕花瓶或碗绘出一连串的故事，显然是关于爱情和阴谋的故事，但是我们很少给它们命名。其中一幅画中，一个人翻过花园的墙去找他的情人，他先把自己的靴子扔了过去；另一幅画中，一个男人在屏风后面偷窥一对爱侣。重要的是这些人物及其周围出色的纹饰。中国服饰非常漂亮，也许在西方人眼中，由于不熟悉而显得格外美丽，在陶瓷装饰的人物形象中，没有比优雅的中国女士更迷人的了。在外销青花瓷上，经常会出现伫立在一瓶花旁的人物形象，这显然已经有些老套了。敷衍绘制时，将其称作荷兰人取的不讨喜的名字——"修长的伊丽莎"也无可厚非，但若用这个词来形容康熙时期一些最精美的花瓶和瓷盘上真正的中国美人，这将是一种无端的侮辱。在这些作品上，我们能够看到女子劳作的场景，或者书写、绘画、操琴、对弈等高雅的场景；她们和孩童同游花园或庭院，在宫廷娱乐

---

1 一个年轻的骑士在战车上与一位美人相遇，类似的场景通常会给出这样的解释。

场所中结伴而行，在一年一度的荷花节去湖边采荷，或在花园中烛下赏花。

中国的装饰中，儿童形象也十分讨喜，他们与鸟兽一同玩耍，放风筝、骑木马；在模拟游行中自娱自乐，就像他们在端午节看到的那样；装扮成士兵，戴着狰狞的怪物面具；甚至模仿长辈们古板的业余活动。

中国人和我们一样，都是听着各种各样的故事长大的，有历史故事，还有传说，有些是有寓意的，有些是没有寓意的，这些故事在瓷器上都很精彩地呈现出来了。《二十四孝》和《烈女传》都提供了相当多的纹饰。但我们偶尔也会看到整套图案被奢侈地用在一件器物上，比如一件青花大罐上面有一排花瓣状的格纹，方便绘制纹饰。在纯粹的传说中，最著名的有王质的故事，他在山中隐居时看到北极仙人下棋，还吃了其中一个仙人给他的桃核一样的东西。他看棋很久，道别回家时，发现他的斧柄已经腐朽了，回到故乡后，发现他的家人和朋友早已离世。围棋是中国人的"雅才"之一，中国人赞赏对围棋全神贯注，他们奉将军谢安为英雄，他专注于围棋博弈，听到战场上胜利的消息也不为所动。

但纹饰最主要的目的无疑来自中国的宗教与哲学崇拜。在中国，儒家思想强调祖先崇拜，这一仪式更像哲学教义，而非宗教。佛教在统治阶级中，时而有狂热的支持者，时而有强大的敌人；而在人民中一直有大量的追随者。道教最初是纯洁而崇高的宗教，然而很早就被有关长寿崇拜的大量迷信所淹没，但它吸引人们的迷信本性，因此对中国人依然有影响力。但是，在所有这些或多或少明确的宗教信仰背后，还存在众多不切实际、幼稚的迷信，即遗留的自然崇拜，在一切公式化的学说之前就已存在。无知的大众被无形的力量包围，善有善报，恶有恶报。因此，这些人成为各种江湖骗子、风水师、法师和巫婆神汉的猎物。这些信仰和迷信自然反映在艺术中，许多的瓷器装饰只能从宗教和民间传说的角度来解读。

孔子崇高的道德准则和对超自然现象的忽视，并没有为艺术家提供很多主题。这位伟大的教育家有时被描绘成一个身着官袍、正襟危坐、须发飘然、头戴纶巾的形象，或者与佛祖和道教创始人老子坐在一起。祖先崇拜体现在对伟人的追封，比如关羽，著名三国武将，最终在1594年被尊为武圣和关帝。关羽在晚清瓷器中较为常见，五柳长髯，神态威严，身披铠甲，端坐阵前，只手高举，发号施令，或端坐战骑，周仓与关羽之子关平护卫左右，周仓持刀，关平掌书，以示对武与文的尊重。

孔子的信徒自然包括文学之神的信徒，这是统治阶级的特殊财富。文学之神中最重要的是文昌星，居大熊星座。文昌星身着官服，或双手合十正坐，或手持如意杖站立，头戴花环或箍饰。更受欢迎的人物是鬼脸奎星，足踏鳌鱼之头，左手握卷轴或墨锭，右手高举毛笔（插图21，图1）。他原是一名书生，虽然在科举考试中名列前茅，却因为相貌平平而被拒之门外，于是绝望中跳进扬子江，却奇迹般地被一条鳌鱼救起，把他带到天上。另一个有关文学领域取得成功的耳熟能详的故事，也提及了鱼与龙。据说，鲤鱼每年都试图跃过龙门瀑布，一旦成功，鱼就会变成龙。这个故事的寓意是有文学抱负的人直上青云，构成了瓷器的纹饰。

佛教为人物塑像和瓷器装饰提供了许多素材。佛陀有很多造型：站在莲花上，以诲人的姿态端坐着，侧卧涅槃，与文殊菩萨和普贤菩萨一起，或与孔子和老子会面。文殊菩萨骑乘狮子，普贤菩萨骑乘大象。

在菩萨中，最为人熟知的是观世音菩萨。优雅的观世音塑像有几种版本，对其形象也有多种解释。其中一种说法是观世音是身披斗篷、头戴巾帼的女性，手持标志性的柳枝和玉净瓶，身边还有两个小随从，他们是手持珍珠的龙女和与她一同在尘世间冒险的伙伴善财。这种说法中的观世音菩萨是传说中妙庄王的女儿。根据更正统的说法，观世音是佛教观世音菩萨的中国化身，根据印度传统，观世音甚至有十一个头和上千只手。但其最受欢迎、受人爱戴的形象是送子观音和本土化的慈悲女神形象，作为送子观音，没有子嗣的女性向她祈祷；作为本土化的慈悲女神，她站在云端，长袍随风飘动，或坐于岩石基座沉思，形象极为优雅端庄。

还有一些具有类似意义的人物，很容易与观世音混淆。如鬼子母神（Hariti），曾经专吃小儿，后来被佛教化成为护持儿童的护法神，她的形象是一位抱着桃子的女性，看护着一个双手合十祈祷的婴儿。另一位是"生育女神"，戴珠宝头饰，怀抱手持灵芝的婴儿安坐。

阿罗汉，简称罗汉，佛祖的使徒，集体或单独出现。原来是十六罗汉，后来在中国又增加了达摩多罗和布袋和尚，变为十八罗汉。[1] 达摩多罗是一名长发男子，手持花瓶与拂尘，背负行箧书卷，坐视佛像。布袋和尚是最受欢迎的佛教人物之一，神态欢快，手提布袋，里面装着所有"宝物"。瓷器上的布袋和尚大腹便便，笑容可掬，袒胸露腹，经常被顽皮的孩子们围绕着。

印度菩提达摩在瓷器装饰中也并不罕见。他是中国禅宗的祖师，据说他在6世纪初来到洛阳，在石洞中面壁九年。传说他去世后裹着裹尸布回到印度，手里拿着一只鞋，另一只留在他的坟墓里。他通常以这种形象出现在瓷器装饰中，或者凭着一根芦苇渡海到日本。

除了上述人物和守护佛天四角的天王、佛教地狱的审判官和守护者等人物，佛教还在中国艺术中植入了无数符号与象征。出现在佛脚底的八吉祥也经常出现在瓷器装饰中：轮，有时以钟代替；螺，海螺，胜利的象征；宝伞；华盖；莲花；宝瓶；双鱼，生育和婚姻幸福的象征；吉祥结，代表佛心，象征长寿。除此以外，还有金刚手菩萨的多杰或雷电，以及常被用作装饰图案的火焰叶形光环、神圣的梵文字符，如"唵嘛呢叭咪吽"等佛教咒语，还有整齐的莲花图案。

与佛教有关的动物有携圣宝瓶的大象、从印度带来经文的白马、将自己作为食物献给佛的野兔，以及中国的狮子，它作为佛教中的神兽，担任佛寺的守护者或在佛坛上充当香座。

所有这些动物都在陶瓷塑像与装饰中有所体现，特别是狮子，通常成对出现，雌狮携幼崽，雄狮带绣球，也会单独或成群出现，滚着绣球，口衔绸带。在西方人看来，中国艺术中的狮子是种荒谬、怪异的生物。但也不总是如此。早些时候，狮子与百兽之王有明显的相似之处，尽管中国艺术家没什么机会亲自研究真实的狮子，但即便如此，在5世纪的一件著名屏风上[2]，狮子的脖子上挂着铃铛，象征着服从，已经有玩耍的倾向了[3]。在佛教艺术中，百兽之王像乌纳的狮子一样，屈于温顺的法则，成为佛对亚洲野生部落影响力的象

1　关于所增加的两位尊者有多种说法，此为其中一种说法。

2　陆探微作，参见弗格森（J. C. Ferguson），《中国艺术概论》（Outlines of Chinese Art），芝加哥，1918年，第215页。

3　据宋神宗对这幅画的鉴赏，狮子"对自己的尾巴很满意，看似凶猛，实则温顺。这样有趣的装饰悬挂在大厅里，在欢快的节日仿佛多了一位客人。"

征。随着时间的推移,狮子的温顺和顽皮被夸大了,它的性格和特征都变得更像小狗,而不是狮子了。事实上,佛教中的狮子与狮子狗或京巴犬几乎没有区别。狮子玩耍的绣球,也许本就是佛珠,是能实现一切愿望的石头,而瓷狮子背后或底座上的管,用来盛放家庭祭坛上燃烧的香烛。

八吉祥纹饰

如果说佛教题材在中国装饰艺术中占比极大的话,那么受道教影响的装饰也不计其数。老子的原始教义敦促人们从世俗的烦恼中解脱,以达到最高的境界,这与应用于艺术中的道教没有太多关系,就像伊壁鸠鲁的教义与他后来的追随者所熟知的对快乐的崇拜没多大关系一样。瓷器装饰中的道教多与对长寿的崇拜和对长生不老药的探寻有关,这也成为后来道家的主要关注点。老子与老寿星变得难以区分,老寿星是位前额光秃、脑门鼓起的尊者,骑在牛背上或坐在寿山石上,一手持着手杖,一手托着蟠桃,身边有白鹤、梅花鹿与乌龟相随。蓬莱山与其他"长寿山"都位于道教仙境,位于东海某地的福岛上,在瓷器上可略见一二:在雾霭弥漫的天庭,道教神仙各乘其拥有神力的坐骑腾云驾雾来到岛上,山景中有许多独特的道教植物,松、竹、李、桃、灵芝,都具有延年益寿的功效,在此情景下,许多道教仙人向老寿星致敬。人群中有八仙、和合二仙、刘海、西王母和她的随从、东方朔等仙人。

八仙在陶瓷图案中相当常见,他们只是数百位仙人或众生中各显其能得以长生的少数,他们是:

钟离权,大腹便便,袒胸露乳,手持灵芝、拂尘或扇子。

吕洞宾,手持宝剑,用来斩妖除魔。

铁拐李,挂铁拐的跛足乞丐,常背一药葫芦,葫芦里飘出云雾和幻影。

曹国舅,头戴纱帽,身穿红袍官服,手持阴阳板。

蓝采和[1]，性别不明，手持锄头和花篮。

张果老，骑神驴，可以折叠起来，放在行囊中；需要时，喷水后就又还原成一头驴。手持渔鼓与一对简板。

韩湘子，手持长笛的翩翩公子。

何仙姑，身穿艾蒿叶披风的女子，手持荷花或水瓢（中国画中一般是拂尘）。

和合二仙是一对衣衫褴褛的和尚，一手持扫帚，一手捧吉祥宝盒。在中国艺术中，他们常与半佛教徒拾得（同样手持扫帚）及其同伴寒山混淆，日本也有同样的人物。刘海（日本称"蛤蟆仙人"）长相狂野，骑在一只三条腿的蛤蟆上，手里拿着一串铜钱，正是"刘海戏金蟾"故事中的人物。

西王母是中国西方的王母，住在昆仑山中，这里生长着蟠桃，周穆王乘八骏西巡，于此谒见西王母。另一位神仙东方朔，偷吃了西王母的蟠桃，从而长生不老（插图41，图2）。西王母的一些特点让人想起希腊神话，她的凤凰与赫拉的孔雀相似，她的使者是青鸟，让人想起阿佛洛狄忒的鸽子（插图63，图2）。她常有美丽的侍女相伴，其中一人提着一篮蟠桃。

花仙与西王母的侍女非常相似，手提花篮。还有道家传说中的其他神仙，它们偶尔出现在瓷器装饰中，如三官大帝，即天官、地官和水官，着盛装，手持笏板端坐；王子乔驾鹤吹笛；马师皇乘龙；隐士黄安坐于龟上；张九歌化衣成蝶。

与道教紧密相关的动物是穆王八骏、梅花鹿、鹤与龟，以及在月亮上捣长生不老药的蟾蜍和玉兔。树木等许多植物具有延年益寿的特点，如松柏，其树脂有很大的功效，据说白鹤是古松之魂，松子能延年益寿。竹、李、梨、枣、葫芦、桃、灵芝与人参、菖蒲与菊花都是长寿的象征。除此之外，还有一些图案，如暗八仙纹、字符卍，以及能实现所有愿望的如意。如意通常是由神和仙给予凡人的生日祝福或送给新娘的礼物。如意的头部与灵芝相似，在瓷器中出现在开光和传统云形图案中，预示着好运。我们在此补充一个著名的辅助装饰图案，即由圆锥形岩石点缀的波浪图案——"海水江崖纹"，与道教仙境中的海岛有关。

与上述各种宗教渊源共同交织的还有一些其他因素，被解释为多种原始自然崇

---

[1] 不要将蓝采和与占卜者王方平的妹妹麻姑混淆，二者同是道教仙人。麻姑是一位优雅的女性，手持锄头和花篮，与一只狮子（一般是梅花鹿）为伴。

拜遗存，它们与日、月、星辰、大海、天空、风暴和瘟疫，以及光明和黑暗的力量有关。太阳被画作圆盘，里面有只三足鸟，一直被云龙追赶的珍珠或圆盘很可能就是最初的太阳。有位月亮女神，通过长袍上的蝴蝶和右手的镜子可以认出她；有时她是一位手持桃树枝或樱桃树枝的美人，紧傍月盘，盘中玉兔正用杵臼捣药。刘海和他的金蟾也长居月宫，月宫中的桂树是考中科举的象征。[1] 黄道十二宫的标志由动物代表，天庭四角都有它们的象征，即东青龙、西白虎、南朱雀、北玄武。还有众多星神，如北极仙翁，以及位于大熊座的文昌星和位于猎户座的三星：寿星、禄星、福星。福、禄、寿三星经常出现在以下装饰中：寿星面似老寿星；禄星身穿官袍，手持如意；福星同身穿官袍，手抱婴孩，孩子伸手抓取大人手上的桃子（插图27）。星座是由直线连接小圆盘描绘的。

瓷器装饰者借用的其中一个星宿传说是牛郎织女的传说，这对爱人终年分离，只有每年的七月初七才能相见，"河鼓与织女会于河东，役乌鹊为梁以渡"（插图70，图2）。前面已经提到了张骞探索银河并带回织女之梭的传说。瓷器纹饰描绘了张骞乘木船顺黄河而下，手握织女之梭的画面。[2]

空中的掌权者包括风伯，长须，戴着有翅的帽子，手持两面旗，像个信号兵；雨师，蓄须，右手持剑，左手把盏；雷公，手持斧凿的带翼神仙，脚踩火轮；电母，两手各持一面镜子。

凶恶的野兽饕餮的面貌取自古代青铜器，在某些场景中，恶魔会成群出现。斗士们各司其职对付这些恶鬼，如钟馗，铁面虬髯，单手持剑，还有长生不老的吕洞宾。天上和水下怪物的战斗偶尔也出现在瓷器上，比如一场发生在长江金山寺的战斗，芸芸众生翘首观望。

阴阳和八卦是道教学说的遗产，它远比任何根深蒂固的宗教更为古老。阴阳是由波浪线平分的圆，象征自然界的二元性，如男女、明暗、冷热等。八卦，由传说中的伏羲创造，每卦有三爻，传说八卦符号在黄河中升起的龙马背上浮现出来，从而启发了伏羲，他根据这些符号，提出了一个解释自然界所有现象的体系。

---

1 "攀蟾折桂"比喻科举登第。

2 参见叶慈（P. Yetts），《东方陶瓷学会会刊》（Transactions of the Oriental Ceramic Society），1922—1923。

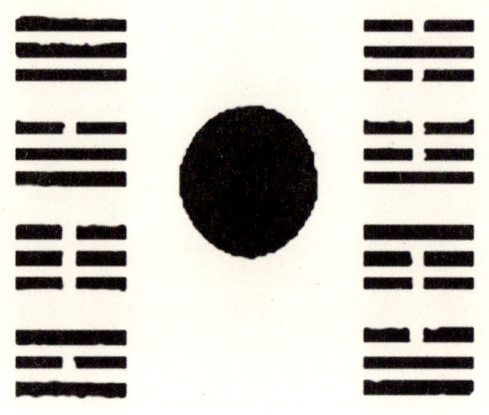

阴阳八卦

自然崇拜与神话中的龙马提醒我们，我们还尚未提及中国艺术中最重要的动物纹饰——龙纹。它们以各种形式出现，构成了中国装饰的一贯特征。无论龙的形象源自某种蜥蜴（最近在蒙古发现了它的蛋），或是源自鳄鱼，或是源自想象，龙都因其行云布雨的能力而十分重要。在中国早期艺术中，龙外形流畅，状似蜥蜴，尾巴分叉，称青龙或蟠，也就是古代青铜器和玉器中的古龙（插图18，图2）。这种龙饰通常以仿古设计出现在瓷器上。典型的龙，头上长角，颌生长须，体披鳞片，四足利爪，蜿蜒似蛇，面呈怒容，据说是6世纪画家张僧繇使之流行开来。龙是皇帝的象征，事实上，龙几乎等同于皇帝。明清时期，五爪龙被视为皇家标志。

瓷器装饰中，龙通常呈腾云入海状，被火焰纹环绕，还有追逐珠子的画面，对于这颗珠子有多种解释，如佛珠或太阳。

凤凰是皇后的标志，是神话中的鸟，鸡首、燕颔、长颈，翘尾如青鸾或孔雀，长爪。这种神鸟名为"凤凰"，暗示其有雌雄之别，雄为"凤"，雌为"凰"。与龙一样，凤凰也有古老的原型，即古代青铜器上的夔凤；神话中的鸟——鸾，也与它十分相似。

另一种具有双重性质的生物是麒麟（麒为雄，麟为雌），鹿身、鹿腿、龙头，尾羽浓密卷翘，肩如火焰。麒麟是仁慈的动物，它的出现预示开明统治者的到来。麒麟已被英译为 kylin，经常被误用为佛教的狮子，但它与狮子几乎没有任何相似之处。其他神兽还包括海兽，可能会被误认为是麒麟，还有与狮子相似的貔貅。中国的狮子（插图17）之前已经讨论过了。

虎是百兽之王，额头上有一个"王"字。与狮子相比，中国人对虎更熟悉。虎的形象更贴近自然，通常与竹联系在一起，竹林无疑是虎常用的掩护。虎是宇宙西部的主宰，在中国古代传说中，它是抵御邪祟的保护者。如前所述，象是佛的瑞兽，在中国艺术中也是和平的象征。鹿是老寿星的常客之一，鹿一般有"禄"的吉祥寓意。瓷器装饰者会借著名的《百鹿图》中的绘画来装饰瓷器。马与龙马，以及将佛经带到中国的白马和穆王八骏有关。还有一种常见的瓷器纹饰描绘了海马在波浪中驰骋的画面（插图37，图3）。另有一种奇怪的纹饰，一只蜜蜂追赶着骑在马上的猴子。猴子的文字寓意也许正是纹饰的目的，因为"猴"与"侯"（封侯）同音。"羊"（阳）是春天的象征，三阳开泰暗示春天归来（插图65，图2）；乌龟是长寿的象征之一；爬上葡萄藤的松鼠也常出现在我们熟悉的纹饰中（插图43，图2）。

"鱼"与"育"两字同音，双鱼不仅是佛教的象征，也是婚姻幸福的象征。从明代开始，鱼戏水草间的纹饰已经很常见了，鲤鱼跃龙门也是及第成名的象征，前面已有讲述。

瓷器画家以高超的技巧绘出魅力十足的鸟类。有些鸟有特殊意义，如鹤，代表老寿星的坐骑；鸳鸯，象征婚姻幸福；喜鹊，意味美好的相逢等。此外，这些鸟还与某些特定草木相伴出现，如荷花白鹭、莲花鹤雏；梅花麻雀；黍间鹧鸪或鹌鹑；春柳伴燕；雄鸡象征功名，牡丹为富贵之花，二者相伴寓意功名富贵。其他鸟类纹饰都取自名画，如《百鹤图》、《百鸟朝凤图》、鹅戏蒲塘、一对雉鸡立于牡丹玉兰在旁绽放的岩石上。

蝙蝠本身并不漂亮，它之所以经常出现在中国装饰中，是因为"蝠"与"福"同音。因此，蝙蝠是吉祥的象征，尤其是涂成红色时，"红蝠"与"洪福"谐音。五只蝙蝠（插图45，图3）象征五个吉祥的祝福——寿、富、康宁、修好德、考终命。

昆虫也在中国装饰中占一席之地。草、虫，以及岩上的蝉都是从明代流传下来的纹饰；蜜蜂和猴子已经提到过了；蝴蝶也被巧妙地用于多种纹饰中。蝴蝶寓示成双成对，因此它经常出现在象征性的图案中，与菊花和其他象征长寿的花朵一同出现，蝴蝶色彩鲜艳，形态优雅，自然适合作为瓷器装饰。它出现在瓷器上用绿色点缀的蝴蝶和花朵织锦图案中或圆形开光中（插图57，图2），或出现在纹样密集的《百蝶图》中。

中国是花的国度，没有任何地方比中国更欣赏花，更了解花卉装饰的价值。在中国，几乎每件装饰性瓷器都通过花卉图案传达思想，也许有些时候只有普通花纹或一根枝叶出现在某些器物边缘，但大多数情况下，花卉或树木在瓷器装饰中发挥着突出的作用。花草树木的创作通常模仿自然景象，但绝不是照本宣科。植物生长，在微风中优雅地弯曲，充满生命力。在中国瓷器画家的笔下，它们形态和颜色的自然美都没有丢失，而且在精美的雍正瓷器与乾隆瓷器上，花卉图案的处理技巧和自然状态几乎是在宣纸或丝绸上作画无法超越的。

除为凸显主题的纯美之外，刻意地为花木的组合寻找其他理由看起来有些迂腐。但中国的装饰在某种意义上是刻板的，它几乎总是要表达某种潜在的象征意义，但好在花卉纹饰的内在美并未受任何刻意安排的影响。迎春牡丹、夏日荷花、金黄秋菊、傲雪冬梅，还有什么能比这四季花卉更迷人呢？松、竹、梅本身就足以打动人心，它们被称为岁寒三友，进一步暗指了三位圣贤朋友：孔子、佛陀与老子。一年当中的每一个月都有代表性花卉，还有一种被称为百花的图案，使花瓶看起来像一个大花束。许多植物被看作有延年益寿的功能，如松、竹、桃、李、柳、菊花、灵芝、葫芦等。桃子、石榴和佛手三种水果一同出现，象征长寿、多子、多福。橘子也被视为好运的象征。

景观是中国画家的另一个强项，瓷器画师也充分利用了景观的观赏价值。"山水"是中国对景观的说法，准确概括了瓷器上的大部分画作。有瀑布和溪流的山川，或更复杂的景观，如杭州西湖的亭台楼阁与桥梁，以及北京的皇家园林，都为瓷器装饰提供了许多主题。[1]有时，风景中也会出现人物，如打斗的盗贼和武士、赏景的圣贤、山居的旅人、劳作的乡民、江上的渔夫等。少数情况下，某些农作场景如插秧、养蚕等分别取自说明这些行业的手册，但更多源自著名画作。四季也由适宜的山水画呈现，春有开花果树，冬有暴风雪等。

在中国，绘画和书法是相辅相成的，醒目的文字、诗句，甚至是长长的铭文都在瓷器装饰中发挥着重要作用。铭文通常是格言或文学作品的引文，但有时也与瓷器纹饰直接相关，共同起装饰作用。其他铭文则具有宗教性质，这些铭文通常使用神圣的梵文书写。

我们经常提到瓷器纹饰的象征意义。其中大部分是以字谜的形式来表达的，只

---

[1] 备受讨论的英国陶器和瓷器上的柳树图案，就是从这些著名的湖光山色中衍生出来的，而有些富有想象力的作家附加的诗意故事，纯粹是后来添加的。

第十四章
中国陶瓷纹饰

能通过汉字解释。汉语字多音少，必然有很多同音异义字，容易出现双关语和文字游戏。一个简单的实例就足以说明中国的瓷器画师是如何利用这一语言特性的。一件花瓶绘红蝙蝠在云中飞舞，可解释为"洪福齐天"。不难看出，对财富、荣誉、功名、长寿、生育、幸福等的美好愿望都可以通过这种方式体现在碗或花瓶的装饰上。这样的例子不胜枚举，但需要一本成语寓言大辞典才能将这个主题讨论详尽，在此举再多的例子也无法涵盖全部。

但是，除了这些含蓄的象征意义，中国装饰中还有许多直接的符号和纹饰，这些纹饰在中国装饰中很突出，也很吸引外行。它们的种类家喻户晓，如八音、十二章纹、八吉祥、轮王七宝、暗八仙、八宝。除此之外，还有一组纹饰种类全面，包含花瓶、器物和符号，被称为博古图，经常出现在开光装饰中。还有一些杂画，如阴阳、八卦、万字符、四艺（琴棋书画）、蟠桃（代表长寿），以及笔、锭、如意组合（意味"必定如意"）。

福寿双全　　　　必定如意

八音为石（磬）、金（钟）、丝（琴、瑟）、竹（管箫）、木（柷、敔）、革（鼓）、匏（笙、竽）、土（埙）。

十二章纹为日、月、星辰、群山、龙、华虫、宗彝（一只是老虎，另一只是猴子）、藻、火、粉米、黼（斧）、黻（似斧的符号）。

出现在佛脚底的八吉祥已在前文中提到。

轮王七宝，也称国政七宝，分别为金轮宝、玉女宝、绀马宝、白象宝、主藏宝（居士宝）、兵臣宝（将军宝）、神珠宝（一串如意玉珠，能实现一切愿望）。

暗八仙指钟离权的芭蕉扇、吕洞宾的宝剑、铁拐李的葫芦、曹国舅的玉板、蓝采和的花篮、张果老的渔鼓、韩湘子的洞箫与何仙姑的莲花。

八宝指实现愿望的珠、象征财富的钱、画、方胜（两个菱形部分重叠而成的一种首饰）、磬、书、爵和预防疾病的艾叶。

可以看到，这些纹饰的分类有一定的重叠部分。一些符号，如珠、钱、磬（音同"庆"，象征好运），比其他符号更常

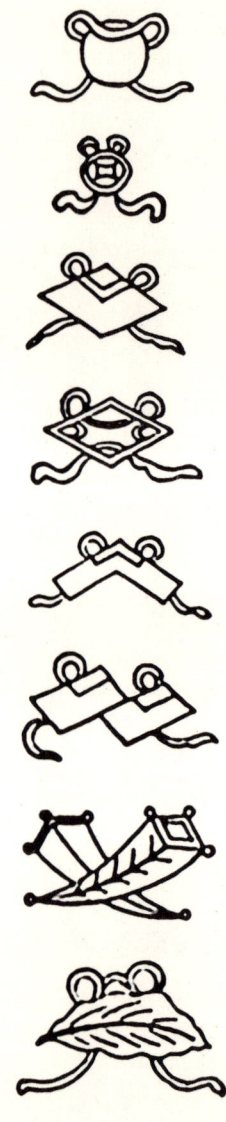

八宝纹饰

字符卍

见。这些符号通常用丝带形状装饰，有时它们绘于器物底部以代替款识。

字符卍是个备受讨论的世界性符号，是人们熟悉的四足形，被视为长寿的象征。它实际上是"万"字，并与圆章形的"寿"字交织在一起，构成"万寿"标志。

要使瓷器纹饰均衡匀称，附属图案必不可少。其中包括大量的几何图案，它们大多来自纺织品和锦缎，还有大量经实践筛选出的十分适合的边纹图案。用于填充空间最常见的几何纹有编织纹、菱形纹，方格纹，六角纹和云雷纹。云雷纹取自古代青铜器，常因字符卍的引入变得更复杂。另一种从青铜器中借鉴而来的图案——蕉叶纹，则适合绘于器物颈部与下半部分。窄边和分隔带通常由回纹、蚕纹、叶纹、之字纹或V形纹组成。条状织锦图案通常由对称的风景或花卉开光分隔，适合绘于瓶肩。花瓶或碗的下缘常绘"海水江崖纹"，坚硬的锥形岩石从常规的波峰中突起。水一般表现为螺旋纹或鳞纹，梅花等各种符号在其表面漂浮。如意头被自由地用作辅助装饰。如意头的窄边是一种吉祥的边饰，而大的垂饰通常采用如意头的形状。云纹是另一种基本的纹饰，寓指天空和空气，云纹通常以如意头

第十四章
中国陶瓷纹饰

寿　　　　万寿

的形状出现，在这种情况下，它被称为如意云纹或"祥云"。

松、竹、梅也会成为边纹，日本人也在自由使用。18世纪的一些瓷器（插图41）上有红蝙蝠的图案，藤蔓和松鼠的图案源自宋朝的一幅画，常被绘在花瓶颈部，偶尔也出现在瓷盘边缘。运往欧洲的外销瓷则展示了其他种类的边框纹饰，但其中许多（也许不是最多）纹饰的灵感都源于欧洲。

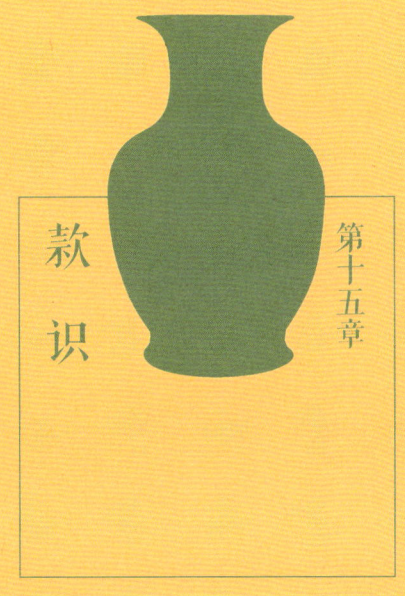

第十五章

款识

清代瓷器的款识几乎都在器物底部。偶尔出现在器物纹饰部分的印款都不能被视为瓷匠的款识，其中是否有例外，还不能确定。这些几乎都是复刻作品所属书画家的印章。

　　这些款识通常是画上去的，很少有盖印或雕刻的。它们是用楷书和篆书书写的，通常外围双圈或方框。早期的款识主要用青花料书写，但在18世纪，使用彩料甚至描金写款变得越来越普遍。乾隆款识通常用红彩画在松石绿底的方框内。一些最精美的彩瓷，像古月轩瓷，是用厚重的彩料（通常是蓝彩）做浮雕写款。这种带有凸起标记的瓷器值得注意，中国人将其单独列为一类。中国的款识和铭文，若水平书写，则从右至左阅读；若竖向书写，则从上至下、从右至左阅读。

　　款识主要分以下几类：（1）纪年款；（2）堂名款；（3）工匠的名字与瓷器厂的款识；（4）赞誉款识、符号等。

　　（1）纪年款。纪年款通常有六字或四字，包含在位皇帝年号。六字纪年款，如"大清康熙年制"；四字纪年款则省去了"大清"二字。而在极少数情况下，皇帝的名字会被省略，仅剩"大清年制"，这种款识出现在大英博物馆的一个仿晚明风格的青花瓷碗上，由此我们有理由推断，这是清朝首个皇帝统治时期使用的款识，仿晚明风格是意料之中的。最后的"制"字也会用"造""做"代替，它们意思相同，有时会在瓷匠的签名中使用。

　　《景德镇陶录》提到："康熙十六年，邑令张齐仲，阳城人，禁镇户瓷器书年号及圣贤字迹，以免残破。"[1] 可以肯定的是，这项禁令很快就成了一纸空文，但这也能够解释为什么在康熙青花瓷上用于写款的双圈经常是空的，也可以由此解释明朝皇帝的年号、赞誉款识和符号等款识盛行的原因。

　　无须提醒读者，款识中标出的朝代并不总是真实的。无论是出于对过去杰出工匠的赞美，还是出于对所仿制的某个时期经典作品的暗示，或者只是出于习惯，清代工匠非常随意地使用明朝皇帝年号作为款识。康熙瓷器上，宣德、成化、嘉靖款识似乎比康熙款识还要常见。同样，康熙款识在19世纪瓷器上也被随意使用，雍正和乾隆款识也被现代工匠借用，而非主要统治时期的款识按字面意思理解即可，毕竟引人仿制的诱惑力不大。御窑厂有专

1　第八卷，第14页，引自邑志。

甲 chia	乙 i	丙 ping	丁 ting	戊 mou	己 chi	庚 kêng	辛 hsin	壬 jên	癸 kuei
子¹ tzŭ	丑² ch'ou	寅³ yin	卯⁴ mao	辰⁵ ch'ên	巳⁶ ssŭ	午⁷ wu	未⁸ wei	申⁹ shên	酉¹⁰ yu
戌¹¹	亥¹² hai	子¹³	丑¹⁴	寅¹⁵	卯¹⁶	辰¹⁷	巳¹⁸	午¹⁹	未²⁰
申²¹	酉²²	戌²³	亥²⁴	子²⁵	丑²⁶	寅²⁷	卯²⁸	辰²⁹	巳³⁰
午³¹	未³²	申³³	酉³⁴	戌³⁵	亥³⁶	子³⁷	丑³⁸	寅³⁹	卯⁴⁰
辰⁴¹	巳⁴²	午⁴³	未⁴⁴	申⁴⁵	酉⁴⁶	戌⁴⁷	亥⁴⁸	子⁴⁹	丑⁵⁰
寅⁵¹	卯⁵²	辰⁵³	巳⁵⁴	午⁵⁵	未⁵⁶	申⁵⁷	酉⁵⁸	戌⁵⁹	亥⁶⁰

门负责写款印章的部门，我们可以在御用器物上发现出色的书法。人们也会期望御用瓷器上的年号是真实的，确实，它有可能是真实的，但有些标康熙年号的样品与标乾隆年号的样品是很难区分的。即使是御用器物，也可能细致入微地模仿前朝器物，包括使用前朝皇帝的年号。

少数瓷器上有干支纪年和年号，给出了更为精确的年代标志。干支纪年中，中国以六十年为一个周期，用十天干和十二地支来记录年份。赫瑟林顿先生（Mr. Hetherington）制作了一个方便查阅的表格，读者能够轻松识别可能遇到的干支纪年款识。[1]

"第一行汉字代表十天干。在干支纪年中，天干与地支都会结合。由天干竖直

大清康熙年製

---

[1] 参见霍布森，《中国早期陶瓷》（*The Early Ceramic Wares of China*），第145页。

向下看，一天干会有六地支，将一天干与六地支分别结合就能立刻读出干支年份了。"遗憾的是，有时干支纪年没有附带任何年号，我们对此一无所知。在这种情况下，我们不得不依靠铭文或瓷器本身的证据来解决这一难题。大英博物馆有个典型的例子，一件重要的粉彩碗写款"又辛丑年制"。根据干支纪年表，"辛"在第一行第八列，往下数第四个格是"丑"，由此得出，"辛丑"是干支纪年中的第三十八年。

干支纪年始于公元前 2637 年，但在清朝时期，我们只需关注以 1624 年、1684 年、1744 年、1804 年和 1864 年为始的甲子年。清朝的辛丑年为 1661 年、1721 年、1781 年、1841 年和 1901 年，但这件器物只可能出现在康熙时期，因此，这件器物唯一可能的制作年份是 1721 年。[1]

（2）堂名款。顾名思义，堂名款包括"堂"或类似字样，如斋、亭、轩、馆、房、居。堂名（通常指家族史上的一些标志性事件）主要刻在主房、墓碑和契约等上面。此外，中国艺术家几乎都有工作坊或艺术别号，其中经常出现"堂"或其他类似字样。

很明显，堂名款可以有多种解释。它可能是工匠的作坊名、定制者的家族堂号、寺庙或宫殿亭台的建筑名、订购的店铺名或进行制作装饰的瓷厂名。伯希和教授提出，当款识以"制"结尾时，它只能表示"由……制造"，这一旦得以应用，将会减少很多问题，因为这样可以将大多堂名款，包括许多所谓的皇室堂名款，限制为作坊名。[2] 对伯希和教授这样的学者提出质疑似乎十分冒昧，但我们发现其他

---

[1] 按照惯例，皇帝在位时期不应包括其上任皇帝去世的那一年。新皇帝从第二年的第一天开始才算正式登基。因此，康熙在位时期的记载始于 1662 年，但康熙在位时期实际上包括 1661 年的一部分。

[2] 参见霍布森，《中国早期陶瓷》（The Early Ceramic Wares of China），第 49 页。

汉学家不同意他的观点，受过教育的中国人也持不同看法，连教授自己也无法坚持自己的观点时，我们就有充分理由怀疑这个观点的适用性了。[1] 总而言之，一位中国先生向我保证，他和他的同胞们已经准备好接受"为……而制"（made for）和"由……而制"（made by）两种解读了。

清代瓷器有很多堂名款，尤其是19世纪初制作的瓷器。一个被广泛应用的有趣堂号是"慎德堂"，出现在希普斯理收藏品中的一件瓷器上，器身题写道光的诗句。如果款识是工匠的作坊名，那么慎德堂的瓷器就不会早于道光时期（1821年至1850年）出现。另一方面，若如前所述，慎德堂是皇家款识，那么就更容易确定器物的年代了。尽管慎德堂有一些精美的仿明器物，但其总体呈现19世纪的瓷器风格。[2]

（3）工匠的名字等。除堂名款外，工匠的名字在瓷器上很罕见，它们几乎不可能出现在御用瓷器上。我们知道景德镇的窑厂普遍分工细致，这足以说明普通瓷器上没有这些名字。当器物经过那么多人处理后，把任何一个工匠的名字写上都是不可取的。有一些模糊不清的印款被称为店铺印款，但由于它们通常难以辨认，即使我们认为它们是个别工匠的印款，对我们帮助也不大。

在质量上乘的康熙青花瓷和彩瓷（插图37）上，会看到一个奇怪的款识，类似字母G。这很可能是某个欧洲商人建议制作的款识，以区分为他制作的器物。

在18世纪初制作的素烧瓷样品上，出现了工匠江鸣皋和陈国治的名字。德化白瓷上偶尔也出现工匠的名字。在这两种情况下，瓷器都是由一位工匠制作完成的。同样，在宜兴、佛山等地生产的陶器和炻器上，也常出现工匠的名字。

（4）赞誉款识等。部分器物上标有更普通的款识，如一些字符或词句，赞扬或描述器物，或为其所有者祈福，这并不罕见。更长的铭文有时是书写或雕刻在纹饰区域的。

人们用"寿""福""吉""庆"等文字来表达美好的祝愿，或者象征性地用桃子或灵芝代表长寿，用蝙蝠代表幸福，等等。还有赞扬的文字，如

---

[1] 参见霍布森，《中国早期陶瓷》，第51页。

[2] 参见《明代器物》（第223页）和《大英博物馆远东陶瓷指南》（图154）。讨论《大英博物馆远东陶瓷指南》（第159页）中的慎德堂标志时，我提出了伯希和教授的观点，现在看来，这似乎太容易就接受了。

"玉""珍""全"。

"寿"字款识各有不同，其中多有奇思妙想。偶尔有花瓶用"百寿"装饰。还有一种圆形的"寿"字，如小溪般蜿蜒，当字符卍与其交织在一起时尤为明显。这就是"万寿"符号。康熙时期的出口青花瓷上发现一个奇怪的款识，是一种通常被称为"蜘蛛款识"的奇特的"寿"字。康熙青花瓷的款识中，各种符号和象征图案并不常用，其中最常见的是八宝和八吉祥。但我们也能看到菱形上的字符卍、福、如意头、鼎、灵芝、梅枝与艾叶。鼻烟壶和小花瓶的底部也绘有狮子，有时还绘有龙，用来代替款识。

插图76

| 乾隆粉彩大瓶 |

以万花图为地,开光内绘山水与道教人物

高 26 英寸

雷金纳德·科里收藏品

款 识

清代皇帝年号款识

大清顺治年製

印章，同为顺治款识

大清康熙年製

印章，同为康熙款识

大清雍正年製

印章，同为雍正款识

大清乾
隆年製

印章，同为乾隆款识

嘉慶
年製

印章，同为嘉庆款识

大清道
光年製

印章，同为道光款识

大清咸
豐年製

印章，同为咸丰款识

大清同
治年製

印章，同为同治款识

大清光
绪年製

[印章款] 印章，同为光绪款识

洪宪
年製

宣統
年製

清代瓷器上常有的明代皇帝年号款识

大明嘉
靖年製

大明成
化年製

大明宣
德年製

堂名款

 古月轩製 菉漪堂

慎德堂製 彩潤堂製 敬畏堂製 大雅齋

工匠姓名款识

赞誉款识

奇玉宝　珍玩　玉
鼎之珍
　　雅玩　全　吉

第十五章
款　识

福　　禄　　壽

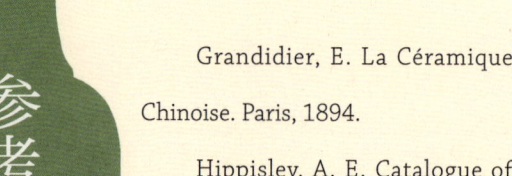

Burton, W. Porcelain: A Sketch of its Nature, Art and Manufacture. London, 1906.

Burton, W. and R. L. Hobson. Marks on Pottery and Porcelain. London, 1912.

Bushell, S. W. Description of Chinese Pottery and Porcelain, being a translation of the T'ao shuo. Oxford, 1910.

Bushell, S. W. Oriental Ceramic Art. Collection of W. T. Walters. New York, 1899.

Bushell, S. W. Chinese Art. 2 vols. Victoria and Albert Museum Handbook. 1906.

Ching tê chên t'ao lu, the Ceramic Record of Ching-tê Chên by Lan P'u. 1815.

Collie, Prof. Norman. A Monograph on the Copper-red Glazes. Transactions of the Oriental Ceramic Society. 1921-22.

D'Entrecolles, Père. Two Letters written from Ching-tê Chên in 1712 and 1722. Published in Lettres Edifiantes et Curieuses. Reprinted in Bushell's Description of Chinese Pottery and Porcelain, and Translated in Burton's Porcelain.

Franks, A. W. Catalogue of a Collection of Oriental Pottery and Porcelain. London, 1879.

Grandidier, E. La Céramique Chinoise. Paris, 1894.

Hippisley, A. E. Catalogue of the Hippisley Collection of Chinese Porcelain. Washington, 1906.

Hobson, R. L. Chinese Pottery and Porcelain. 2 vols. London, 1915.

Hobson, R. L. Guide to the Pottery and Porcelain of the Far East in the British Museum. 1924.

Hobson, R. L. Wares of the Ming Dynasty. London, 1923.

Jacquemart et Le Blant. Histoire de la Porcelaine. Paris, 1862.

Julien, Stanislas. Histoire et Fabrication de la Porcelaine Chinoise. Paris, 1856. Being a translation of the greater part of the *Ching tê chên t'ao lu* with Notes.

Li Ung Bing. Outlines of Chinese History. 1914.

Mayers, W. F. Chinese Readers' Manual. Shanghai, 1874.

Pelliot, P. Notes sur l'histoire de la Céramique Chinoise, T'oung Pao. Vol. XXII. 1923.

T'ao lu See *Ching tê chên t'ao lu.*

T'ao shuo. A Discussion of Pottery by Chu Yen. 1774. See Bushell.

Vogt, M. G. Recherches sur les Porcelaines Chinoises. Bulletin de la Société d'encouragement pour l'industrie nationale. Paris, 1900. Containing M. Scherzer's Report on Ching-tê Chên.

Williams, S. Wells. The Chinese Commercial Guide. Hongkong, 1863.

Zimmermann, E. Chinesisches Porzellan. Leipzig, 1923.